돈을 모으고 불려야 하는
# 월급 생활자를 위한 돈 공부

돈을 모으고 불려야 하는

# 월급 생활자를 위한 돈 공부

라이프 포트폴리오 지음

# ✦ 목차 ✦

**1장**

# 구멍 난 지갑이
# 되지 않기 위한,
# 알뜰한 소비생활

# 쓰면서 모으는 '1인 가구'의
# 똑똑한 소비생활

1인 가구 비율이 가파르게 올라가고 있다. 결혼을 미루거나 원치 않는 청년이 늘면서 2030을 중심으로 1인 가구가 빠르게 증가하고 있기 때문이다. 통계청에 따르면 2017년 10월 기준, 1인 가구는 561만을 넘어섰다. 전체 가구에서 차지하는 비중도 28.5%로, 이미 2인 가구(26.9%)를 추월했다. 1인 가구가 우리나라에서 가장 보편적인 가구 유형으로 자리 잡은 셈이다.

물론 누구의 간섭도 받지 않고 나 혼자 누리는 삶은 낭만적이다. 하지만 단점도 명확하다. 2017년 4분기, 1인 가구의 월평균 소득은 지출을 밑돌았다. 통계청 분석에 따르면 해당 기간 우리나라 1인 가구 월평균 소득은 169만 원인 반면 월평균 지출액은 177만 원이었다. 번 돈보다 쓴 돈이 8만 원 많은 셈이다. 1인 가구가 적자에 시달리고 있다는 뜻이다. 이에 반해 같은 기간 동안 2인 가구, 3인 가구, 4인 가구는 모두 흑자를 기록했다.

그렇다면 1인 가구가 돈을 모으기 어려운 이유는 무엇일까? 소득은 적은데 지출은 많기 때문이다. 혼자 벌기 때문에 맞벌이 가구보다 소득이 적은 건 당연하다. 하지만 지출은 다르다. 혼자 쓰기 때문에 적어야 하는데 막상 닥쳐보면 적지가 않다.

싱글 직장인 A씨의 한 달 월급은 300만 원이다. 그러나 지출은 200만 원을 조금 넘는다. 주변에서는 A씨의 지출 규모를 들으면 깜짝 놀란다.

"애도 없는 사람이 돈 나갈 데가 뭐가 그리 많아?"

A씨가 가장 많이 받는 질문이다. A씨는 억울하다. 월세도 혼자, 난방비도 혼자, 인터넷비도 혼자 감당해야 하기 때문이다. 2인 가족이었다면 나눠서 지불했을 비용을 혼자 감당하니 당연히 지출이 클 수밖에 없다. 억울한 건 또 있다. 매달 경조사비로 나가는 돈도 만만치 않다는 것이다. 기혼자라면 자기가 받은 돈을 다시 돌려주는 셈 치고 내겠지만 비혼주의자인 A씨에게는 순수한 지출이다. 대부분의 기혼자는 결혼할 때 적든 많든 부모님의 원조를 받기도 한다. 결혼 안 한 사람은 그런 것도 없다. 결혼도 안 한 자녀가 단순히 나이가 찼다고

해서 집을 해주는 부모님은 찾기 힘들다. 오히려 부모님 용돈 챙겨 드리기 바쁘다.

1인 가구는 자녀 교육이나 가족 부양에 구애받지 않기 때문에 돈 모으기에 최적의 조건을 갖췄다고 생각하는 사람들이 많다. 하지만 결론적으로는 그렇지 않은 것이다. 식비만 봐도 그렇다. 농림축산부가 발표한 '2015 식품 소비량 및 소비행태 조사 결과'에 따르면 1인 가구는 전체 식비의 절반 이상을 밖에서 사 먹는데 쓰는 것으로 나타났다. 4인 가구가 외식에 쓰는 돈이 전체 식비의 26%였다면 1인 가구의 경우 외식에 쓰는 돈이 식비의 41%에 이른다.

실제로 A씨도 한 달 식비 80만 원 중 절반 수준인 37만 원을 외식비로 지출하고 있다. 혼자 사는 데 귀찮게 뭘 볶고 끓이고 있느냐는 게 이유다. 이 같은 이유로 많은 1인 가구들은 외식비에 상당한 돈을 들이고 있다.


그러나 1인 가구의 줄줄 새는 지갑엔 사실 좀 더 근본적인 원인이 있다. 바로 돈을 모아야 할 절박한 이유가 없다는 것이다.

"매달 쇼핑으로 20~30만 원 정도를 쓴다. 1년에 한두 번 정도는 여행을 간다. '과소비하면 안 되는데'라고 생각하다가도 한편으론 '이렇게 아등바등 모아서 뭐 하나' 하는 생각도 든다. 남들보다 자유롭고 재미있게 살려고 싱글을 택한 건데, 무엇을 위해서 돈을 아껴야 하는지 잘 모르겠다.”

1인 가구가 걸리기 쉬운 덫이 바로 이것이다. 소비를 자제할 이유가 없다는 것이다. 결혼이라는 중대사를 앞둔 사람이라면 자연히 두 사람이 함께할 미래를 위해 돈을 모으게 된다. 결혼 후에 자녀라도 생긴다면 돈을 모을 이유는 더 분명해진다. 내 아이를 위해 작은 집이라도 한 채 물려주고 싶은 게 부모의 마음이기 때문이다. 그러나 1인 가구의 경우에는 당장 뚜렷한 재무목표가 없다.

혼자 벌고 혼자 쓰는 1인 가구는 당장은 부족함을 느끼지 못할 수도 있다. 그러나 사실 누구보다 재무관리가 절실한 것이 바로 1인 가구다. 노후에 배우자나 자녀로부터 경제적 지원을 받기 힘든 1인 가구는 지금부터 철저히 은퇴 후를 준비하지 않으면 안 된다.

조사에 따르면 1인 가구의 수입은 30대에 정점을 찍은 뒤 50대에 들어서면서 급격히 하락하는 경향을 보인다. 50대에 소득의 정점을 찍는 다인 가구와는 확실히 다른 양상이다. KB금융지주 보고서를 보면 1인 가구의 평균 연소득은 20대에 2,588만 원으로 출발해 30대 3,402만 원까지 올랐다가, 40대 3,197만 원, 50대 2,152만 원, 60대 1,121만 원으로 뚝 떨어진다. 나이 들어 더 이상 수입을 벌어들이기 어려운 때를 대비해 지금부터 착실히 돈을 모아두지 않으면 안 된다는 뜻이다. 실제로 많은 1인 가구들이 노후에 대한 불안감을 느끼고 있는 것으로 드러났다. 1인 가구의 절반 이상인 56.1%는 '미래 대비 자산이 충분치 않다'고 응답했다.

그렇다면 1인 가구는 자산을 형성하는 게 아예 불가능한 걸까?

막연한 미래에 대한 불안감을 평생 지니고 살아가야 하는 걸까?

지금부터 쉽지만 특별한 1인 가구의 자산관리, 금융관리 노하우를 차근차근 알아보자.

## 1인 생활자의 금융관리 노하우

1인생활자는 살면서 겪는 경제적 문제들을 오롯이 혼자 감당해야 한다. 실직해 수익이 끊겼을 경우, 질병으로 의료비를 감당해야 하는 경우, 퇴직 후 생활비 등이다. 1인생활자는 자신을 부양해주거나 함께 문제를 헤쳐나갈 사람이 없기 때문에 준비하지 않으면 심각한 경제적 어려움을 겪을 수 있다. 그렇다고 겁부터 먹을 필요는 없다. 지금부터라도 준비해나가면 된다.

우선 현재 나의 상황부터 살펴보자. 나의 상황을 파악하고, 아직 준비되지 않은 부분은 이제부터 채워나가면 된다.

아래 질문에 YES or NO로 답해보자.

1. 지난 한 해 동안 나의 자산 변동에 관해 자세히 알고 있다. ( )

2. 1년 후 목표 자산 또는 목표 월 수익에 관한 목표가 있다. ( )

3. 갑작스러운 실직 등에 대비해 3~6개월 정도 생활할 수 있는 비상금을 현금성 자산으로 가지고 있다. ( )

4. 다양한 질병이나 상해를 대비하여 보험에 가입했다. ( )

5. 은퇴 후 생활비를 위해 개인연금을 적립 중이며 은퇴 후 내가 받게 될 국민연금, 퇴직연금, 개인연금의 규모를 정확히 알고 있다. ( )

6. 내 집을 마련했거나, 안정적 주거 환경을 위한 명확한 계획을 세워서 정확히 따르고 있다. ( )

7. 주거비, 식비 등 고정 지출의 규모를 정확히 알고 있다. ( )

8. 가계부를 쓰거나 소비와 지출을 기록하고, 주기적으로 살펴보고 있다. ( )

9. 월급 외에 고정적인 월수입이 있다. ( )

10. 꾸준한 운동, 정기적인 건강검진 등 건강관리를 하고 있다. ( )

11. 펀드, 주식 등 내가 가입하거나 운용 중인 금융상품이 무엇인지 알고 있으며 수익률도 파악하고 있다. ( )

12. 긴급 상황 발생 시 언제라도 연락해 도움을 받을 수 있는 가족이나 지인이 있다. ( )

'YES'가 많으면 좋겠지만 'NO'가 많다고 걱정할 필요도 없다. 이제부터 'NO'를 'YES'로 바꿔나가면 된다. 복잡하거나 어려운 것이 아니다. 바로 할 수 있는 건 지금 '당장' 하고, 시간이 좀 걸리는 것은 지금부터 '시작' 하면 된다.

# 1인 가구는 '식비 다이어트'부터

얼마 전 잡코리아와 알바몬이 20~40대 직장인 2,432명을 대상으로 재테크 계획을 조사한 결과 56.7%가 '짠테크를 한다'고 답변했다. 짠테크란 '짜다'와 '재테크'의 합성어로 소비를 최소화함으로써 목돈을 만드는 방식을 말한다. 최근 불황이 장기화되고 조기 은퇴가 유행하면서 많은 청년들이 짠테크를 실천하고 있는 것이다. 불투명한 미래에 대비해 허리띠를 졸라매는 이들이 늘고 있다.

A씨 역시 짠테크족이다. 개미처럼 모아 경제적으로 안정되는 게 목표다. 의류 구입비, 영화 관람비 등 각종 분야에서 소비를 줄여가던 A씨가 올해 들어 손을 대기 시작한 건 다름 아닌 식비다. 평소 '먹고 죽은 귀신이 때깔도 곱다'는 말을 입에 달고 사는 A씨에게 식비를 줄인다는 건 있을 수 없는 일이었다. A씨가 변심한 이유는 다음과 같다.

"식비를 줄인다고 하면 보통 '그 정도로 돈이 없느냐'고 묻는데 꼭 그런 이유 때문만은 아니에요. 생각해보면 세상에는 식욕 외에도 다양한 욕망이 존재하거든요. 맛있는 음식보다 낯선 곳으로의 여행, 아무 때나 탈 수 있는 택시를 원하는 사람도 있어요. 그렇다면 꼭 먹는 데 소비하는 것을 최우선 순위에 둬야 할까요? 안 그래도 다이어트 열풍인 시대에 말이에요."

지금부터 A씨처럼 '식비 다이어트'에 나선 사람을 위한 식비 재테크를 알아보자.

KB금융지주 경영연구소가 2018년 전국 만 25~29세 1인 가구 2,100명을 대상으로 설문조사를 실시한 결과, 가장 지출이 큰 분야는 식비로 나타났다. 조사에 따르면 1인 가구의 월 지출액 중 33%는 식음료비가 차지했다. 2위는 21%로 월세 및 관리비였다.

1인 가구의 경우 외식을 하든, 집에서 밥을 해 먹든, 먹는 데 적지 않은 비용이 들어갈 수밖에 없다. 1인 가구의 식비가 4인 가구 식비의 4분의 1보다 많을 거라는 건 모두가 짐작하고 있을 것이다. 서울연구원이 2015년 발표한 '서울의 가구당 한 달 생활비' 조사에 따르면 4인 가구의 한 달 식비는 97만 원, 2인 가구는 58만 원, 1인 가구는 36만 원이었다. 4인 가족 구성원 중 한 명이 한 달 식비로 24만 2,500원을 쓴다면 1인 가구는 그보다 12만 원을 더 쓰는 것이다.

당장 동네 마트에만 가도 4개에 1,500원 하는 양파가 1개 단위로는 개당 500원인 것을 확인할 수 있다. 기업이 생산량을 늘림에 따라 제품 하나를 만드는 단위당 비용이 하락하는 '규모의 경제' 때문이다. 이 원리에 따르면 1인 가구의 식탁은 상대적으로 가장 비싼 식탁이 될 수밖에 없다.


A씨가 식비 구조조정을 단행한 것은 지출 내역을 구체적으로 살펴

본 후다. 지출 항목의 식비, 월세, 공과금, 교통비, 통신비, 문화생활비, 보험료 중 움직일 수 있는 항목이 몇 개 없다는 걸 깨달았기 때문이다.

월세, 즉 주거비는 줄인다고 해서 줄여질 수 없는 고정 비용이다. 공과금도 일정 수준 이하로는 줄이기가 힘들다. 습관적으로 택시를 타는 사람이 아닌 한 교통비 역시 고정 비용이다. 통신비와 보험료도 마찬가지다. 그러고 나면 남는 것은 사실상 식비와 문화생활비뿐이다.

당장 식후에 마시는 카페라테 값만 빼도 식비는 한 달에 10만 원이상 줄일 수 있다. 커피 같은 기호품뿐일까? 한밤중에 습관적으로 주문했던 치킨, 싸다고 잔뜩 사서 냉동실에 쟁여뒀던 돼지고기, 시식코너 냄새에 이끌려 충동 구매한 군만두까지. 생각해보면 식비만큼 유동성이 높은 항목도 없다. 물론 1인 가구에 한정된 얘기다. 배우자와 자녀가 있는 사람이라면 마음대로 식비를 줄이는 것이 곤란하겠지만 자녀가 없는 1인 가구라면 얼마든지 식비를 탄력적으로 조정할수 있다.

식비를 줄이기로 결심한 뒤부터 A씨가 가장 많이 들은 말은 '그렇게 아껴서 뭐 할래?'였다. 아무리 한푼 두푼 모으는 재미가 있다고 해도 그렇게 모은 돈으로 무엇을 할 것인지 명확한 목표가 없다면 짠내 나는 생활을 지속하기가 어려울 수밖에 없다. 식비 재테크의 기본은 스스로에게 동기를 부여하는 것이다.

A씨의 목표는 '유럽여행'이다. 내년 휴가 때 헝가리에 가려고 이미 비행기 티켓을 알아보고 있다. 한두 푼 아낀 돈으로 정말 해외여행이 가능할까? 식비를 줄임으로써 A씨가 아끼는 비용은 일평균 5,000원. 한 달이면 무려 15만 원이다. 지금부터 1년 동안 절약할 총금액을 계산해보면 무려 180만 원에 이르는 것이다. 부다페스트 왕복 항공권이 160~180만 원이니, 다녀오고도 돈이 남는다. 비록 치킨, 피자와는 멀어졌지만 헝가리와는 한 발 더 가까워졌으니 A씨는 대만족이다. 이 밖에도 비상금 준비를 위해, 투자 종잣돈을 마련하기 위해, 고가의 제품을 사기 위해 등 식비 재테크의 목표를 세워 동기부여를 해보자.

식비를 아낀다는 게 무작정 굶자는 건 아니다. 먹을거리에 충동적으로 소비하지 말고 끼니마다 건강한 식사를 하자는 거다. 얼마 전까지만 해도 '한 번뿐인 인생, 즐기다 가자'라는 의미의 '욜로YOLO', '소소하고 확실한 행복'이란 뜻의 '소확행'이라는 말들이 유행하기도 했다. 그러나 그렇게 해서는 푼돈조차 쥘 수 없다는 걸 깨달은 청년들이 최근 짠테크에 돌입하는 추세다. '욜로 외치다 골로 간다'는 우스개가 등장한 것도 같은 맥락이라고 볼 수 있다. 욜로든, 소확행이든 중요한 건 스스로의 행복이다. 버릇처럼 충동적인 지출을 했다가 불확실한 미래 때문에 불안감에 빠진다면 행복한 삶을 살고 있다고 말하기 어려울 것이다. 무조건 아낀다기보다 불필요한 지출을 줄이고 효율적이고 현명한 소비 습관을 들인다고 생각하는 건 어떨까?

1인생활자라면 언제나 '돈 관리'가 어려울 것이다. 예상치 못한 상황들에 맞닥뜨리면 자산관리의 불확실성이 커질 수밖에 없기 때문이다. 이런 때일수록 장기적으로 관리할 수 있는 안정적 금융 상품이나 언제든 목돈으로 쓸 수 있는 든든한 금융 상품을 눈여겨봐야 한다.

1인 가구는 같은 소비를 하더라도 2~3인 가구보다 단위 비용이 더 들어, 필수적으로 나가는 지출 비용을 줄이기가 조금 어려운 측면이 있다. 1인생활자로서 아낄 수 있는 부분은 최대한 아끼고 돈을 모으려는 노력이 습관으로 깃들면 좋다.


## 결혼, 아니면 세금?
## 싱글세의 모든 것


"아무리 꼬박꼬박 현금영수증 챙겨봐야 뭐하나요? 자녀를 둔 기혼자에 비해 비혼자에 대한 세금 감면 혜택은 턱없이 부족한데요. 게다가 자녀가 없으니 학자금 지원 같은 것도 남의 얘기고요. 싱글들은 사실상 싱글세를 내고 있는 셈이에요."

1인생활자인 40대 직장인 P씨는 지난 연말정산 조회 결과 30만 원의 세금을 추가로 내라는 고지를 받았다. 작년에 이어 또다시 '세금 폭탄'을 맞은 것이다. 결과를 받자마자 P씨가 한 일은 옆자리 동료 C씨의 연말정산 환급액을 물어본 것이었다. 지난해 P씨가 세금 폭탄을 맞은 반면 C씨는 '13월의 월급'을 두둑이 챙겨갔기 때문이다. C씨는 올해도 80만 원을 환급받았다고 한다.

둘 다 올해로 10년 차 직장인, 나이도 씀씀이도 비슷한 두 사람의 유일한 차이는 결혼 및 자녀 여부다. C씨는 배우자와 두 자녀를 두고 있다. P씨는 독신으로 1인 가구다. 연말정산 시즌을 전후로, 비혼과 기혼의 명암이 엇갈리는 건 비단 둘만의 이야기가 아니다. 연말정산 세금공제 항목엔 부양가족이 있는 기혼자들을 위한 혜택이 많기 때문에 비혼자와 기혼자의 환급액엔 차이가 생길 수밖에 없다. P씨는 이를 사실상 '싱글세'라고 주장한다. 도대체 싱글세는 무엇이고, 싱글들의 절세법에는 어떤 것들이 있을까?

싱글인 사람이 싱글이 아닌 사람보다 세금을 더 많이 내는 것을 '싱글세'라고 한다. 물론 우리나라에는 싱글세가 아직 실제로 도입되지 않았다. 국내에서 싱글세, 즉 독신세라는 말이 수면 위로 떠 오른 건 2014년 11월이다. 보건복지부 고위 관계자가 독신 가구에 대해 세금을 매기는 방안을 언급했다는 걸 한 매체가 보도하면서부터였다. 반발 여론이 커지자 보건복지부는 다음날 해명 보도자료를 내고

'저출산 문제의 심각성을 표현한 말이 잘못 전달된 것일 뿐'이라고 주장했다.

그렇다면 우리나라엔 정말로 싱글세가 없을까? 2016년 한국세무학회에서 발표된 '가구 유형에 따른 소득세 세 부담률 차이 분석'이라는 논문이 있다. 그에 따르면, 부양가족이 없는 1인 가구 근로자는 홑벌이 4인 가구 근로자에 비해 평균적으로 52.7%의 세금을 더 낸다. 중간소득 구간인 연 소득 4,000~6,000만 원 구간으로 한정해보면, 독신 가구가 홑벌이 두 자녀 가구에 비해 연 79만 원의 세금을 더 낸다는 것이다.

이 연구 결과만 놓고 보면 비혼자가 기혼자에 비해 무조건 세금을 더 내는 것처럼 보일 수 있다. 하지만 실제로 그렇지는 않다. 핵심은 결혼 여부가 아닌 '부양가족' 여부다. 실제로 연말정산 소득공제 중 규모가 가장 큰 것은 부양가족 인적공제다. 현재는 연간 소득금액 합계액이 100만 원(근로소득만 있는 경우 총급여 500만 원) 이하인 배우자와 부양가족에 대해 한 명당 150만 원씩 과세대상 소득에서 제외해주고 있다. 기혼자의 경우 배우자와 부양해야 할 자녀가 있다 보니 인적공제를 받을 확률이 상대적으로 높을 수밖에 없는 것이다. 자녀 없는 맞벌이 부부가 1인 가구보다 세금을 더 내는 경우도 꽤 많다. 부양가족은 꼭 배우자, 자녀에만 한정되지 않는다. 배우자든, 자녀든, 부모든, 형제든 연말정산 인적 공제액은 한 명 당 150만 원으로 동일하다. 비혼자라고 해도 부모나 형제의 경제력이 없으면 그들을 부양가족으로 등록해 동일하게 공제를 받을 수 있는 것이다.

이 와중에 사각지대에 놓인 건 2030의 미혼 직장인들이다. 부양해야 할 자녀도 없고 부모님도 경제력이 있어 인적공제를 받을 확률이 거의 없기 때문이다. 이를 두고 젊은 미혼 남녀들 사이에선 '결혼을 앞두고 절박하게 돈을 모아야 하는 세대에게 오히려 세금을 가장 많이 떼어간다'며 불만의 목소리가 터져 나온다. 내년 결혼을 목표로 매월 200만 원씩을 꼬박꼬박 저축해온 30대 L씨는 지난 연말정산에서 50만 원의 세금을 토해낸 뒤 울분을 터뜨렸다.

"돈이 있어야 결혼을 하는데 정작 정부에선 결혼 안 했다고 돈을 더 뜯어가는 격이에요. 회사에서 애도 없으니 시간 많지 않느냐며 일손 부족할 때마다 차출하고… 돈도, 시간도 없는데 언제 결혼을 하고 아이를 낳으란 말인가요?"

이처럼 알게 모르게 존재하는 싱글세, 어떻게 하면 줄일 수 있을까? 싱글세가 존재하는 근본적인 원인은 전통적인 가족 모델을 기반으로 짜인 조세 제도다. 결혼을 할수록, 자녀를 많이 가질수록, 부모를 부양할수록, 세금 혜택을 받을 수 있는 가능성은 점점 더 높아지는 것이다. 따라서 이 제도를 근본적으로 바꾸지 않는 한 1인 가구가 느끼는 싱글세의 압박은 줄어들지 않을 것이다.

그럼에도 방법은 있다. 지금부터 비혼 직장인들이 알아두면 좋은 싱글세 줄이는 3가지 방법을 소개한다.

### ① 실비보험, 암보험, 치아보험은 본인 이름으로

우리가 가장 흔하게 가입하는 의료 실비보험이나 암보험, 치아보험 등 보장성 보험이 연말정산 세액공제 대상이다. 보장성 보험은 연 100만 원 한도 내에서 납입한 보험료 중 13.2%(지방소득세 포함)를 환급해 준다. 100만 원을 납입했다면 13만 2,000원을 돌려받을 수 있다. 보장성 보험의 경우 미혼인 사람들이 꼭 확인해야 할 것이 있다. 계약자와 피보험자의 이름이 같은지 확인하는 것이다. 미혼의 피보험자들 중엔 본인이 아닌 부모님이 대신 보험에 가입해준 경우가 많을 것이다. 그러나 계약자가 본인이 아닌 보장성 보험은 세액공제 혜택을 받을 수 없다. 꼭 확인해보자.

### ② 당장 퇴사할 생각이 없어도 IRP를 만들어라

퇴직연금통장은 퇴사하기 전에 퇴직금을 받기 위해 만드는 것일까? 개인형 퇴직연금IRP의 기본적인 역할은 퇴직금 수령이 맞다. 하지만 재직 중에 IRP통장을 개설하고 여유자금을 납입하면 연간 700만 원 한도까지 세액공제 혜택을 누릴 수 있다. 세액공제율은 총급여 5,500만 원이 기준이 되는데, 5,500만 원 이하는 16.5%를 적용해 최대

115만 5,000원을, 5,500만 원 초과는 13.2%를 적용해 최대 92만 4,000원의 세금을 돌려받을 수 있는 것이다.

가입일로부터 5년 이내에 해지하면 기타소득으로 16.5%를 세금으로 내야 하기 때문에 가급적 여러 개의 계좌로 분산하여 가입하는 게 좋다. 또 하나의 대표적인 절세 금융상품인 연금저축과 함께 드는 사람도 많다. 연금저축은 연간 400만 원까지, 퇴직연금은 연간 700만 원까지, 둘을 합해 연 700만 원까지 공제대상에 포함된다. 자세한 내용은 아래 표를 참조하자.

| 불입금액 | | 공제대상금액 | 연말정산 환급금액 | |
|---|---|---|---|---|
| 연금저축 | 퇴직연금 | | 총 급여 5500만 원 이하 | 총 급여 5500만 원 초과 |
| 0원 | 700만 원 | 700만 원 | 115만 5,000원 | 92만 4,000원 |
| 200만 원 | 500만 원 | 700만 원 | 115만 5,000원 | 92만 4,000원 |
| 500만 원 | 200만 원 | 600만 원 | 99만 원 | 79만 2,000원 |
| 700만 원 | 0원 | 400만 원 | 66만 원 | 52만 8,000원 |

### ③ 부모님이 만 60세 미만이어도 받을 수 있는 의료비 공제

부모님의 나이가 만 60세 이상일 경우, 부양자 인적공제가 가능하다. 그러나 60세 미만이어도 일부 공제는 가능하다. 부모님이 60세 미만이고 연 소득이 100만 원 이하인 경우에 의료비, 신용카드 사용액에 대해 공제 혜택을 받을 수 있는 것이다. 그동안 놓치고 지나갔다면 최근 5년 치까지 모두 환급받을 수 있으니 잊지 말고 챙기자.

　1인생활자들은 세금과 관련된 다양한 혜택을 받기가 힘들다. 혼자이기 때문에 세금을 더 낸다고 느껴질 수도 있다. 세금을 더 많이 내고 있다는 불만이 쌓였던 1인생활자라면 지금까지 함께 알아본 다양한 절세상품과 효율적인 소비를 통해 내년엔 꼭 13월의 세금 폭탄을 피해 보자.

# 월세 30만 원이 10만 원으로
## 줄어드는 기적

✦

    새로 구한 직장이 살던 집과 너무 멀거나 살던 집의 계약 기간이 만료되어 새로 집을 구해야 할 때, 많은 직장인은 비싼 집값이나 전세 보증금 때문에 전세자금 대출을 받거나 월세로 집을 구하곤 한다. 그렇게 월급에서 꼬박꼬박 새 나가는 대출이자나 월세를 제하고 나면 생활비마저 빠듯해서 저축과는 점점 거리가 멀어지게 된다. 특히 1인생활자는 주거비를 포함한 모든 생활비를 오롯이 혼자 부담해야 하므로 그 부담감이 더욱 크게 느껴진다. 정부는 이런 어려움에 처한 1인생활자를 포함한 2030들의 주거 불안을 해소하기 위해 전·월세 시세보다 적은 비용으로 집을 구할 수 있도록 '중소기업취업청년 전월세보증금대출'이라는 지원 제도를 마련했다. 지금부터 해당 제도

**중소기업취업청년 전월세보증금대출 자격요건**

1. **나이** : 만 19세 이상, 만 34세 미만 (현역으로 제대한 경우에는 만 39세까지).
2. **주택 소유 유무** : 무주택 세대주이거나 예비 세대주.
3. **소득** : 부부합산 연 총소득이 5,000만 원 이하, 외벌이 또는 단독세대주는 3,500만 원 이하.
4. **직업** : 중소, 중견기업에 재직 중인 자 또는 창업자 (단, 중소기업진흥공단, 신용보증기금 및 기술보증기금의 보증 또는 창업자금 지원을 받은 경우에 한함).

의 자격요건, 대출 조건, 필요한 서류, 그리고 전세자금 대출받고 이사하기까지의 과정을 단계별로 살펴보자.

중소기업취업청년 전월세보증금대출은 중소기업에 취업했거나 정부 기관의 지원을 받고 창업한 청년들의 전·월세 보증금을 위해 정부에서 연 1.2%의 저금리, 1억 원 한도로 대출을 해주는 제도다. 이 제도를 이용하면 1억 원짜리 전셋집에서 월 10만 원으로 살 수 있다. 현재 시중 전세자금 대출 금리나 전·월세 시세를 고려하면 월세로 최소 30~40만 원은 지출해야 하는 집에서 단돈 10만 원에 살 수 있게 되는 것이다.

평소 과한 주거비 지출로 부담을 느꼈거나 새로운 전셋집을 구해야 하는 청년이라면 놓치지 말아야 할 정부 지원이다. 청년 주거 안정을 위해 세금으로 운영되는 정부의 지원책인 만큼 그 자격요건과 기타 대출 조건, 그리고 실제 전·월세 시장의 현황을 고려하면 모든 사람이 혜택을 받을 수 있는 제도가 아닌 것도 사실이다. 아래 내용을 참고해서 본인의 자격 유무를 판단하고 본인에게 맞는 전셋집 예산을 세울 때 참고하기 바란다. 대출을 신청하기 위해서는 나이, 주택소유 여부, 소득, 그리고 직업이라는 4가지 조건이 모두 충족되어야 한다. 2018년 6월, 이 제도가 신설된 이후로 개정을 통해 자격요건이 많이 완화되기는 했지만 여전히 청년들은 자신이 이 제도의 혜택을 받을 수 있는지 잘 모르고 있다.

# 둘이 모아 배가 되는
# '맞벌이 가구'의 똑똑한 소비 생활

✦

하버드 법대 교수 엘리자베스 워런 박사는 《맞벌이의 함정》이라는 저서에서 부부의 맞벌이가 외벌이에 비해 벌이가 훨씬 낫기 때문에 윤택해질 거라 생각하지만 사실 맞벌이 부부는 재정이 불안정하고 파산이 늘어난다고 했다. 맞벌이를 통해 높은 소득을 벌어들이는 중산층 가정을 보니 매월 고정적으로 발생하는 지출이 높아졌고, 부부 중 한 사람이 실직할 경우 이미 늘어난 고정비를 감당하기 어려워 경제적으로 어려워진다는 것이다. 실제로 국민연금연구원에서 발표한 '생애주기별 소비 및 저축실태 분석에 따른 노후준비 전략'에 따르면 중간 소득 가구를 기준으로 저축 비율의 차이를 검증한 결과 맞벌이 가구와 외벌이 가구의 저축 비율이 큰 차이가 없었다.

## 맞벌이 사례별 재테크 방법

맞벌이 부부에겐 맞춤형 돈 관리가 필요하다. 맞벌이 가구는 외벌이 가구와 다른 몇 가지 특성에 맞춰 돈 관리와 재테크를 해야 한다.

### 사례 1. 월급 액수가 다를 경우

부부의 월급 액수가 다를 때 알짜 혜택을 챙기는 비법이 있다. 일명 '세테크'라 불리는 소득공제 팁이다. 연금저축은 상품에 따라 근소한 차이가 있지만 소득이 적은 쪽의 명의 혹은 공동으로 가입하면 세금을 더 아낄 수 있다.

세금공제를 위한 필수템인 카드를 현명하게 활용하려면 부부 중 소득이 낮은 사람의 명의로 생활비 카드를 발급, 사용해 공제를 몰아주는 게 이득이다.

예를 들어보자. 신용카드의 공제한도는 25%다. 남편의 연소득 5,000만 원, 아내의 연소득 4,000만 원 일 때 남편의 공제한도는 1,250만 원이고, 아내의 한도금액은 1,000만 원이다. 이때 아내 명의의 신용카드를 집중 사용해 공제한도인 1,000만 원을 초과한 이후부터 공제율이 높은 체크카드와 현금 등의 사용을 늘리면 소득공제 금액을 높일 수 있다.

연봉 차이가 큰 부부라면 소득이 많은 쪽의 카드를 사용하는 게 유리할 수 있다. 남편의 연소득 8,900만 원, 아내의 연소득 4,600만 원일 때 두 사람의 카드 사용액이 2,500만 원이라면 공제율에 의한 공제금액은 동일하다. 다른 게 있다면 두 사람의 세율이다. 과세표준에 따라 남편의 세율은 35%, 아내의 세율은 15%로 약 20%p의 차이가 난다. 따라서 소득이 많은 쪽의 카드를 몰아 사용하면 적용세율이 높아 환급세액도 많아진다. 만약 소득공제 금액이 500만 원이라고 가정하면 남편의 환급세액은 175만 원, 아내의 환급세액은 75만 원이다.

### 사례 2. 경제적 가치관이 다를 경우

수십 년을 따로 살던 두 사람이 부부가 됐다고 해서 갑자기 가치관까지 똑같아질 수는 없다. 경제적 가치관도 마찬가지다. 부부 중 한 명은 저축보다 현재 즐기는 것을 선호하고 다른 한 명은 현재의 즐거움보다 노후대비를 더 중시할 수도 있다. 노후대비를 중요하게 생각하는 입장에서는 고가의 가전제품이나 명품을 구입하는 배우자에게 불만이 생길 수 있다.

부부의 경제적 가치관이 다르더라도 반드시 지켜야 할 점은 결혼과 동시에 서로의 수입과 지출을 솔직하게 공개해야 한다는 점이다. 각자 갖고 있던 적금, 펀드, 주식 등 재테크 내역도 모두 공유해야 한다. 대화 중 서로의 경제관이 다르다고 느껴도 그것을 부정하거나 비난하는 대신 상대의 성장 환경과 경험이 축적돼 형성된 가치관이라는 사실을 잊지 말고 협의점을 찾아야 한다. 그리고 각자 생각하는 지출과 저축의 목표를 정하자. 이때 전체 지출규모가 부부 중 한 사람의 월급을 넘지 않도록 유의하자.

### 사례 3. 출산 전 맞벌이 부부라면?

자녀가 태어나면 생각지도 못한 지출이 늘어난다. 출산 후에는 목돈을 마련하기 어렵고, 외벌이가 될 가능성도 있다. 출산 전의 맞벌이 부부라면 목돈 마련의 목표를 먼저 잡는 게 좋다. 출산 전에 두 사람의 월급 합산액 중 40~50%를 저축하고 주택이 없다면 청약저축에 가입해 소액이라도 꾸준히 저축을 시작하자.

### 사례 4. 돈 관리는 누가 해야 할까?

둘 중 누가 돈 관리를 하는가는 맞벌이 부부들에게 매우 예민한 부분이다. '돈 관리는 여자가 해야 한다'고 생각하는 경우가 있는가 하면, '집안의 경제권은 남자가 가져야 한다'고 주장하는 사람들도 많다. 돈 관리를 '권력'이나 '자존심'으로 생각하기 때문이다. 하지만 돈 관리는 남편이든 아내든 둘 중 더 잘하는 사람, 더 꼼꼼한 사람이 하면 된다. 다만 돈 관리를 하는 사람은 자신을 믿고 통장을 내어 준 배우자와 모든 수입과 지출의 내역을 정리해 배우자와 공유해야 한다. 두 사람이 목표로 잡은 중·장기 저축과 지출 목표를 달성하고 있는지도 이야기해야 한다. 돈 관리를 단순히 '주도권'이라 생각하는 대신 우리 가정의 재정을 위해 노력하는 거라고 생각하는 게 중요하다.

또한 돈 관리를 배우자에게 맡기고 아예 신경 쓰지 않는 것도 옳지 않다. 그것은 배우자를 믿는 것이 아니라 방관하는 것이다. 돈 관리를 하지 않더라도 배우자와 돈에 관해 이야기를 나누고 논의해야 한다.

## 사용처별 부부 통장 쪼개기

사내커플이 아닌 이상 맞벌이 부부의 월급날은 다르다. 월급날과 월급 통장이 다르니 부부의 성향에 따라 월급을 각자 관리하거나 일정 금액을 생활비로 갹출해 공동자금으로 사용하는 경우가 많다. 하지만 푼돈이 새지 않도록 돈 관리를 하려면 두 개의 월급 통장을 외벌이 가구처럼 하나의 통장으로 관리하는 게 좋다. 통장을 합쳐야 지출의 파악이 쉽고 목돈을 만드는 데 유리하다. 수입을 각자 관리하면 아무래도 씀씀이가 커지게 되고, 배우자 몰래 비상금을 챙길 때도 있기 때문에 맞벌이 부부는 통장을 합치는 게 무엇보다 중요하다.

월급날이 다른 부부라면 둘 중 한 명의 급여통장을 '소비 통장'의 개념으로 설정하자. 예를 들어 아내의 월급날이 10일, 남편의 월급날이 25일이고 월급 관리를 남편이 한다면 남편의 통장이 소비 통장이 된다. 소비 통장은 지출이 발생하는 통장으로 용돈, 카드 결제대금, 통신요금, 공과금 등이 빠져나가는 통장이다. 이때 저축, 연금 등의 돈도 모두 소비로 생각해야 한다.

소비는 모두 자동이체를 걸자. 남편의 월급날 다음 날인 26일로 설정하는 게 좋다. 아내는 최소 자동이체의 전날인 25일, 즉 남편의 월급날과 동일한 날 자신의 월급 전액을 남편의 통장으로 이체하자. 이체일을 정하고 반드시 지키는 게 가장 중요하다. 이처럼 소비통장에서 부부 두 명 몫의 월급을 한 날짜에 합치고 바로 다음 날 주요 지출이 자동이체로 빠져나간 후 남은 예산 범위 내에서 지출하며 서서히 소비를 줄이는 습관을 들여보자.

**2장**

# 내 집 마련부터
# 공공주택까지,
# '주거비' 아끼는 짠테크

# 내 가계는 내가 지킨다!
# 스스로 재무점검

국민연금공단에서는 1인 가구의 은퇴 후 적정 생활비가 154만 원 수준이라고 발표했다. 1년에 최소 생활비만 약 1,850만 원이 든다는 것이다. 계산해보면 은퇴 시점을 기준으로 10년에 1억 8,500만 원, 20년에 3억 7,000만 원, 30년에 5억 5,400만 원이 필요하다. 여기에, 병에 걸리거나 주거지를 옮겨야 하는 등 큰돈이 들어가는 일이 발생한다면 이 금액은 기하급수적으로 증가한다. 따라서 2030세대 1인 생활자라 할지라도 지금부터 노후 자금을 준비해야 한다. 일찍 준비를 시작할수록 월 부담액은 줄어들기 때문이다. 지금부터 1인생활자의 재무 설계 및 재무점검을 단계별로 알아보자.

## 지출과 수입 정리하기

은퇴자금 마련을 위해 가장 먼저 해야 할 일은 뭐니 뭐니 해도 현재의 수입과 지출, 자산과 부채 현황을 정확하게 파악하는 것이다. 이 단계가 선행되어야 나의 저축 여력을 알 수 있기 때문이다.

매달 가계부를 꼼꼼하게 적었거나 뱅크샐러드, 브로콜리, 토스 등 돈 관리 서비스를 이용해온 사람이라면 손쉽게 할 수 있다. 최소한 3개월 정도의 수입·지출 명세를 적어보면 '돈이 새는 구멍'을 스스로 찾을 수 있다. 아래의 예시를 참고해, 지금부터라도 정리해보자.

| | | 항목 | 5월 | 4월 | 3월 | 2월 | 1월 |
|---|---|---|---|---|---|---|---|
| 수입 | 정기소득 | 급여 | | | | | |
| | | 임대소득 | | | | | |
| | 비정기소득 | 사업, 부수입 | | | | | |
| | | 이자, 배당소득 | | | | | |
| | | 기타소득 | | | | | |
| | 수입총계 | | | | | | |
| 지출 | 고정비 | 주거비 | | | | | |
| | | 통신비 | | | | | |
| | | 보험료 | | | | | |
| | 변동비 | 교통비 | | | | | |
| | | 생활비 | | | | | |
| | | 기부금 | | | | | |
| | | 경조사비 | | | | | |
| | | 자기계발 | | | | | |
| | | 의료비 | | | | | |
| | | 기타 | | | | | |
| | 지출총계 | | | | | | |
| 수입·지출 | | | | | | | |

## 자산과 부채 파악하기

월간 단위의 자금 흐름을 정리했다면 이제 내 총자산과 총부채를 확인해야 한다. 총자산에서 총부채를 빼면 목표 은퇴 금액까지 갈 길이 얼마큼 남았는지를 구체적으로 파악할 수 있는데, 목표 금액이 5억 원이고 내 순자산이 1억 원이라면 앞으로 은퇴까지 30년간 저축과 투자, 연금 설계 등을 통해 4억 원을 더 마련하면 되는 것이다. 물가 상승률을 고려하지 않은 단순 계산이지만, 순자산을 계산해보면 막막해 보였던 노후 준비가 조금이나마 구체적으로 느껴질 것이다.

| 자산 | | | 부채 | | |
|---|---|---|---|---|---|
| 항목 | 세부내용 | 금액 | 항목 | 세부내용 | 금액 |
| | XX은행 보통예금 | | 전세자금대출 | | |
| 자유입출금 | | | | | |
| | | | | | |
| | | | | | |
| | | | | | |
| | | | | | |
| 저축성 자산 | **은행 특판 적금 | | | | |
| 투자성 자산 | **투자증권 평가액 기준 | | | | |
| 부동산 | 전세보증금 | | | | |
| 총자산 | | 0 | 총부채 | | |
| 순자산(자산·부채) | | | | | |
| 0 | | | | | |

## 노후자금 목표 세우기

앞서 은퇴 후 1인당 적정 생활비를 소개했지만, 사실 사람마다 필요한 노후 자금의 규모는 천차만별이다. 최소 생활비로도 즐길 수 있는 취미를 가진 사람과 골프, 여행 등 많은 비용이 들어가는 취미를 가진 사람의 월 생활비에 큰 차이가 있기 때문이다.

그렇다면 좀 더 구체적으로 생각해보자. 현재의 소비 수준을 기준으로 은퇴 후 연간 생활비와 여행경비, 비상금을 계산해보는 것이다. 현재 월평균 120만 원을 쓰고 있고, 은퇴 후 30년간 동일한 생활수준을 유지하고 싶은 경우, 연간 1,440만 원, 30년간 총 4억 3,200만 원의 생활비가 필요하다. 여행 및 취미생활 비용으로 2,000만 원, 비상금으로 5,000만 원을 마련한다고 가정했을 때는 약 5억 원이 필요하다.

전문가들은 최소 생활비, 적정 생활비, 여유 생활비 3단계로 나누어 계산하는 방법을 추천한다. 예를 들어, 은퇴 후 20%의 생활비를 절약해서 최소 생활비 96만 원으로 살 수 있다면 필요 노후 자금은 5억 원에서 4억 원으로 감소하고, 반대로 여행을 즐기는 은퇴 이후의 삶을 위해 20%를 더 소비한다면 필요 자금은 약 5억 9,000만 원으로 크게 상승하는 것이다.

## 노후연금 3종 세트 만들기

막상 구체적인 목표를 정하고 나니 필요한 금액이 너무 커서 좌절했을 수도 있다. 하지만 우리가 저축과 투자만으로 당장 5억 원을 만들어내야 하는 건 아니다. 국민연금, 퇴직연금, 개인연금, 3종 세트로 월 생활비를 마련하는 것이 가장 이상적이다. 각 연금에 대해 자세히 알아보기 전, 퇴직 후 수령하게 될 연금 총액이 궁금하다면 국민연금 홈페이지nps.or.kr를 참고해보자. '내 연금 알아보기'를 클릭하면 국민연금, 개인연금, 퇴직연금의 예상 수령액을 간단히 확인할 수 있다.

먼저, 국민연금에 대해 알아보면 국민연금은 직장인이라면 대부분 의무가입이 되는 공적 연금으로, 10년 이상 가입하면 사망할 때까지 연금을 수령할 수 있고 소득액과 납입기간이 길어질수록 수령액도 많아지는 구조다. 평균 소득대체율은 40%인데, 예를 들어 생애 소득의 월평균이 250만 원이었다면 국민연금 월 수령액은 약 100만 원이 되는 것이다.

다음은 퇴직연금으로, 쉽게 퇴직금을 생각하면 된다. 회사는 근로자의 퇴직에 대비하여 1년 근속에 대해 평균 30일 이상의 임금을 금융사에 적립하고 있는데, 근로자는 퇴직 시 퇴직금을 일시금으로 받거나 55세 이후 연금으로 받는 것 중 한 가지 방식을 선택할 수 있다. 매월 나갈 생활비를 삼중 연금 구조로 충당하고 싶다면 퇴직연금 제도를 선택하는 것이 유리하다.

마지막으로 개인연금을 추가할 수 있다. 국민연금이 근로자와 기업에, 퇴직연금이 기업에 국가가 '강제'하는 사항이었다면 개인연금은 국가가 '권장'하는 사항이다. 국민연금과 퇴직연금으로 최소 생활비를 마련했다면 개인연금으로 생활비의 여유분을 만들자는 취지다. 그래서 정부는 개인연금 납입액에 대해 연간 400만 원 한도로 100%를 소득공제해주며 개인연금 가입을 독려하고 있다.

개인연금에는 연금저축펀드, 연금저축신탁, 연금저축보험 세 종류가 있다. 연금펀드와 연금신탁, 연금보험은 노후 준비를 하며 조건에 따라 세액공제 혜택도 받을 수 있다는 공통점이 있다. 하지만 운용하는 금융기관 등 세부적인 내용은 조금씩 다르다. 상품 간의 차이점을 알아보고 각자의 상황에 맞게 연금펀드, 연금신탁, 연금보험 중 하나를 선택하는 게 좋다.

### ① 연금저축펀드

연금저축펀드는 증권사에서 운용한다. 자유납으로 형편에 맞게 납입하면 된다. 금리는 운용 실적에 좌우된다. 연금을 받는 기간은 가입자가 정할 수 있다. 예금자보호가 적용되지 않으며 원금 손실 우려도 있다.

### ② 연금저축보험

연금저축보험은 보험사가 운용한다. 정한 금액을 정기적으로 납입해야 한다. 금리는 공시이율을 따른다. 공시이율은 보험상품의 수익률을 의미한다. 공시이율은 시중금리에 따라 변동된다. 연금을 받는 기간은 가입자가 선택할 수도 있으며 생명보험사에서 연금보험에 가입했을 경우에는 종신형을 선택할 수 있다. 예금자보호가 적용되고 원금도 보장된다. 다만 중도 해지했을 경우에는 원금 보장이 안 된다.

### ③ 연금저축신탁

연금저축신탁은 은행이 운용한다. 자유롭게 형편에 맞게 납입할 수 있고 실적에 따라 금리가 달라진다. 연금 수령 기간은 가입자가 정할 수 있다. 예금자보호를 적용받으며 원금이 보장된다.

이미 연금저축 상품에 가입한 사람도 있을 것이다. 하지만 현재 가입한 연금저축 상품이 나의 현재 상황과 맞지 않아 다른 연금저축 상품으로 갈아타고 싶다면 어떻게 해야 할까? 현재 상품을 해지하고 새로운 상품에 가입해야 할까? 그렇지 않다. 현재 상품을 해지하면 원금 손실의 우려가 있고 세금도 따로 내야 한다.

연금저축은 해지하지 않고 갈아타기가 가능하다. 연금저축, 개인형 퇴직연금 어떤 연금계좌든 가입자들은 새롭게 갈아탈 금융사를 방문해, 신규계좌를 만들면, 계좌이동이 완료된다. 만약, 갈아탈 금융사에 이미 만들어놓은 계좌가 있다면 기존 금융사만 한 번 방문해, 계좌이 동을 신청하면 된다.

# 내 집은 어디에?
## 구해줘 홈즈

정부에서는 신혼부부, 다자녀 가구 등 세대별로 대출 혜택을 제공하고 있다. 생애 최초 주택을 구입하는 신혼부부나 두 자녀 이상인 가족에게 대출금리 2%대로 대출을 해주기도 한다. 하지만 1인생활자는 어떤가? 1인생활자만을 위한 주거 마련 혜택은 없다. 부모님께 지원을 받기도 어렵다. 그러나 혼자 돈을 벌며, 정부나 주변의 지원 없이 집을 살 수 있는 사람은 많지 않을 것이다. 청약가점에서는 오히려 불리하다. 청약가점은 부양가족이 있을 때 더 높아지기 때문이다. 그래서 1인생활자들은 한목소리로 '내 집 마련은 다음 생에'라고 말하곤 한다. 하지만 아무리 힘들어도 내 집 마련은 반드시 필요하다. 그 이유를 먼저 알아보자.

첫째, 월세보다 대출이자가 저렴하기 때문이다. 월세는 남지 않지만 '내 집'은 남는다. 가격이 오르락내리락하기도 하지만 어차피 나갈 주거비라면 집이라도 남길 수 있는 게 좋다.

둘째, 이사 때마다 부담해야 했던 100만 원 이상의 이사 비용을 절약할 수 있다. 전세나 월세로 살고 있다면 계약이 끝날 때쯤 가슴이 두근두근할 것이다. 집 주인이 전세를 올리지는 않을지, 월세나 보증금을 더 달라고 하지는 않을지…. 이보다 더 안 좋은 상황은 집을 떠나게 되는 거다. 내 집이 없다면 자의든 타의든 이사를 해야 하는 상황이 자주 발생할 수밖에 없다. 이사비용을 모두 계산해보면 몇 달치 대출이자도 될 수 있다는 생각이 들 것이다.

셋째, 내 집이 있다면 월급 외의 부수입을 올릴 수 있다. 셰어하우스, 에어비앤비, 아워플레이스 등을 이용하면 된다.

마지막으로, 집이 있다는 것만으로도 은퇴 준비는 거의 다 한 셈이다. 은퇴 후 소득이 없을 때 큰 고민거리 중 하나가 '주거문제'다. 특히 1인생활자에게는 노후준비가 더더욱 중요하다. 다른 사람보다 10년은 미리 준비해야 한다. 내 집 마련은 안정적인 미래를 만드는 가장 좋은 방법이다. 결혼하지 않고 평생을 혼자 살며 노후를 맞이했을 때, 집만 있어도 연금을 받을 수 있기 때문이다. 바로 '주택연금'이다.

주택연금은 주택을 담보로 연금을 지급받는 금융상품으로 보유하고 있는 주택에 그대로 살면서 연금을 받을 수 있는 제도다. 만 55세 이상의 시가 9억 원 이하 주택보유자라면 가입할 수 있다. 가입하면 매달 연금이 지급되며 지급액은 집값 상승률, 기대수명, 이자율 등을 고려해 결정된다. 연금은 사망할 때까지 지급된다. 연금 수령자가 사망한 후 주택을 처분했을 때 주택처분금액이 수령한 연금액보다 적을 경우에 부족분은 주택금융공사가 손해를 부담하고, 주택처분금액이 수령한 연금액보다 클 경우에 남은 금액은 상속인에게 돌아간다. 주택연금과 관련된 더 자세한 내용은 한국주택금융공사 홈페이지 hf.go.kr에서 확인할 수 있다.

## 1인 생활자라도 가능한 '디딤돌 대출'

한국주택금융공사에서 진행하는 '내 집 마련 디딤돌 대출'이 무엇인지 간단히 정리했다.

### 디딤돌 대출이란?

한국주택금융공사가 제공하는 대출 상품으로 신혼부부, 다자녀가구 등 무주택자가 주택을 살 때 저렴한 이자에 돈을 빌릴 수 있는 제도

### 1인 생활자도 디딤돌 대출을 받을 수 있을까?

2018년 3월부터 1인 생활자를 위한 디딤돌 대출 시행함
만 30세 이상 미혼 단독세대주의 경우 주택가격 3억 원, 주거전용면적 60㎡이하,

대출한도 1억 5천만 원 이하로 디딤돌 대출 이용 가능

디딤돌 대출 신청 방법은?

공사 홈페이지를 통해 신청 가능

디딤돌 대출 신청 시기는?

소유권 이전등기 접수일로부터 3개월 이내

디딤돌 대출 금리는?

연 2.00 ~ 3.15% (우대금리 추가 적용 가능)


이렇듯 2018년부터 만 30세 이상, 미혼인 1인생활자라면 디딤돌 대출을 받을 수 있다. 물론 1인생활자가 받을 수 있는 대출조건은 신혼부부나 다자녀가구가 받을 수 있는 대출조건과 비교해 불리한 것이 사실이다. 신혼부부나 다자녀 가구의 경우, 대상 주택의 가격 한도가 5억 원이며 주거 면적이 85㎡인 반면 1인생활자의 경우, 주택 가격 한도는 3억 원, 면적은 60㎡다.


## 청약가점 낮은
## 1인생활자에 유리한 '청약저축'


청약은 가입기간과 납입 횟수 등에 따라 1인생활자도 1순위 요건

에 충족할 수 있지만 이미 청약 가입자 중 1,000만 명 이상이 1순위에 해당되기 때문에 경쟁이 매우 치열하다. 1순위 청약자 내에서 당첨자가 되려면 청약가점을 많이 받아야 하는데, 즉 무주택기간과 부양가족 수, 청약통장 가입기간을 기준으로 산정한 가점이 높을수록 당첨 확률이 높아지는 것이다. 1인생활자의 경우 부양가족에서 2인 이상의 가구보다 가점을 높이 받을 수 없기 때문에 최대 받을 수 있는 가점에서 30점 이상이 뒤처질 수밖에 없다. 하지만 포기하긴 이르다. 1인생활자의 희망, 공공주택 청약이 있기 때문이다.

공공주택이란 국가나 지자체, LH에서 분양하는 85㎡ 이하의 주택이다. 과거에는 임대주택, 주공아파트로 불리던 아파트를 뜻한다. 최근에는 무주택세대주에게 공급하는 것을 원칙으로 신혼부부, 1인 가구, 청년층 등이 시중보다 저렴한 가격에 분양받을 수 있도록 지원조건이 세분화 됐다. 공공주택에는 행복주택, 역세권에 위치한 청년주택, 장기전세주택 등이 있으니 지원조건을 꼼꼼히 확인해서 5년, 10년 후를 위한 내 집 마련에 도전해보는 것도 좋겠다.

1인생활자가 공공주택을 분양받기 위해서는 '청약저축' 또는 '주택청약종합저축'이 필요하다. 특히 주택청약종합저축은 청약저축과 청약예금, 청약부금 등 기존의 주택청약 관련 상품별로 다른 기능을 하나로 묶은 만능청약통장이다. 특히 만 19~34세의 청년이라면 '청년우대형 주택청약 종합저축'을 눈여겨보자. 연 3,000만 원 이하의 근로소득, 사업소득, 기타소득이 있는 사람이어야 하고 무주택 세대주여야 한다. 나이와 소득, 무주택이라는 3가지 조건이 모두 충족되면 가입할 수 있다.

## 불리한 청약가점 대신 '청약추첨'

청약은 앞서 설명한 대로 가점에 따라 당첨자를 선발하기 때문에 1인 가구의 당첨확률이 상대적으로 낮은 편이다. 그러나 '추첨제'를 이용하면 가점이 낮더라도 당첨 가능성이 높아진다. 서울의 청약 과열지역은 85㎡ 이하 아파트를 모두 가점제로 선발하는데, 경기도 안양시, 부천시, 의왕시 등 비규제지역에서는 추첨제가 적용되기 때문에 1인 가구여도 기회가 동등하게 주어진다. 서울에서 추첨제로 청약에 당첨되기 위해서는 85㎡ 초과 분양 아파트를 알아보는 방법도 있다. 1인 가구로서 다소 넓은 평수에 비용 부담도 큰 편이지만 당첨 가능성을 높이기 위해서는 참고해도 좋다.

## 오래 살 집,
## 꼼꼼히 따져보는 '후분양제'

후분양제란 아파트를 다 짓거나 골조가 완성된 상태에서 분양하는 제도를 말한다. 우리나라는 주로 선분양제를 시행해 왔기 때문에 아파트가 지어지기 전, 모델하우스에서 집을 둘러보고 아파트 계약을 한다. 하지만 실제로 지어진 아파트를 보는 게 아니라서 2년 뒤에 막상 지어진 집을 보고 부실공사, 날림공사 논란이 생기는 경우도 있다. 후분양제는 직접 눈으로 확인할 수 있는 상황에서 분양이 진행되기 때문에 기존의 선분양제에서 나타났던 부실시공이나 하자 등의 문제점을 줄일 수 있는 방법이다. 게다가 선분양제에 비하여 시간적인 측면도 확실히 절약된다는 장점을 가지고 있다. 하지만 회사가 자금적으로 자유롭지 못하여 대규모의 자금이 있는 회사만 독점이 가능한 부분이기 때문에 상대적으로 공급이 많이 줄어들 수 있다는 단점과 분양 후 입주 기간까지 짧은 시간내에 큰 자금을 구해야 한다는 부분 또한 부담이 될 수도 있다.

정부는 공공주택부터 단계적으로 후분양제를 실시한다고 밝혔다. 그렇게 되면 한국토지주택공사와 서울주택도시공사 등 공공 분야에서 공급하는 공공 아파트 중 일부를 확인하고 분양받을 수 있다.

**TIP 혼자 살 집 구하기 전, 체크리스트**

혼자 사는 집 구할 때 체크리스트

√ 예산 체크

· 연봉을 고려한 대출 예상 규모는?
· 현재 자산규모, 소비패턴은 어떤 편인가?

√ 교통 및 위치 체크

· 직장과의 거리 등 위치는 적당한가?
· 교통은 편리한가? (지하철 환승역, 광역버스 등)

√ 주변 시설 체크

· 편의시설, 휴식공간 등 주변은 어떤가?
· 혼자 살기에 안전한 동네인가?

집을 구매하기 전 첫 번째로 해야 할 일은 대출금으로 충당할 수 있는 범위를 정해서 예산에 맞는 집을 알아보는 것이다. 현재 자산규모와 소비패턴도 확인해야 한다. 두 번째로 체크할 것은 위치다. 이직을 자주 하거나 근무지가 자주 바뀌는 사람이라면 교통이 편리한 곳에 집을 알아보는 게 좋고, 한 회사에 오래 머물거나 근무처가 거의 바뀌지 않는 사람이라면 직장 위치를 고려해 집을 마련하는 게 좋다. 최근에는 서울 밖 지역의 교통 환경도 예전보다 나아졌기 때문에 출퇴근 시간보다 쾌적한 환경을 중시한다면 서울 외에 수도권 신도시 등을 눈여겨보는 것도 좋겠다. 마지막으로, 구매할 주택 근처 투어를 하고 저녁의 동네 분위기를 살피는 등 현장조사는 필수다. 골목에 가로등은 고장 나지 않았는지, 번화가 근처라면 몇 시까지 사람들이 몰려 있는지, 소음이나 빛으로 인한 불편은 없는지 등을 살펴야 한다.

## 원룸 월세가 부담스럽다면?
## 사회주택

사회주택이란 지자체가 산 부지를 저렴한 비용으로 사업자에게 빌려주거나 리모델링 비용을 보조해주면 사업자가 임대주택을 건설해 시세보다 낮은 비용으로 저소득층에게 빌려주는 주택 제도로 정부와 민간업체가 협력해서 마련된 주거정책이다. 사회주택에는 다양한 종류와 형태가 있다. 정부 및 사업자부터 거주자까지 다양한 주체들이 사회주택을 만들어나가기 때문이다.

사회주택의 가장 큰 특징은 저렴한 가격과 안정적인 거주기간이다. 국가와 비영리(혹은 제한 영리)를 추구하는 사회적 경제 단체 및 개인이 협력해 입주자의 주거복지 증진이라는 공동 목표 아래 공급하는 주택이므로, 일반 주택보다 상대적으로 저렴한 임대료와 안정적인 거주기간이 보장되는 것이다. 입주자는 시세보다 80% 낮은 임대료로 최소 6~10년의 거주 기간을 보장받는다. 임대료는 지역별로 다르기 때문에 입주 전에 예산을 정해놓는 게 좋다. 월세는 10만 원대, 20만 원대, 30만 원대 등으로 다양하다. 보증금을 많이 내면 월세를 낮출 수도 있다. 관리비가 없는 경우도 있다. 전세가 가능한 경우도 있으니 사전 조사는 필수다. 사회주택만의 공동체 문화도 있는데, 사회 주택은 지역주민이 함께 이용 가능한 공간 조성과 커뮤니티 등 주택별로 특화 프로그램을 운영한다.

사회주택을 향한 관심이 높아지면서 서울뿐만 아니라 경기, 전주, 인천, 제주 등에서도 사회주택 활성화에 힘쓰고 있다. 입주자 모집공고는 사업 주체, 지자체 홈페이지 등을 통해 이루어지는데, 모집 지자체에 거주하며 모집공고일 기준 무주택이고 도시근로자 월평균 소득이 해당 지자체 모집 공고에 해당하는 시민이면 신청할 수 있다.

그렇다면 사회주택은 어디서 찾아야 하고, 어떻게 준비해야 할까? 종류부터 신청방법까지 차근차근 알아보자.

사회주택의 유형은 3가지다. 빈집 리모델링 주택, 리모델링형 사회주택, 토지임대부 사회주택이다. 종류를 나누는 기준은 사업 시작 당시 토지에 건물이 있었는지에 따라 결정된다. 건물이 있었다면 빈집 리모델링 혹은 리모델링형 사회주택으로, 건물이 없었다면 토지임대부 사회주택으로 나뉜다. 하지만 이 기준은 정부에서 나눈 사업 기준이기 때문에 입주자가 종류별로 특성을 알아두거나 비교할 필요는 없다. 우리에게 중요한 것은 임대료다.

사회주택도 '부동산 사업'이기 때문에 사업 주체는 수익성을 고려하지 않을 수 없다. 따라서 지역별 부동산 시세 및 사회주택의 종류에 따라 보증금과 임대료에 차이가 있다. 투자비용과 토지 및 건물 시세를 따져보았을 때는 토지임대부 사회주택의 임대비용이 높은 편이며, 빈집 리모델링 주택이 낮은 편이다. 자세한 정보는 각 지자체 홈페이지를 통해서 알 수 있다. 서울시의 경우 사회주택 플랫폼 홈페이지 soco.seoul.go.kr를 운영하고 있는데, 서울시 내 사회주택에 대한 정보를 한눈에 살펴볼 수 있으니 참고해보자.

사회주택의 유형을 알아봤으니, 이번에는 본격적으로 집을 찾아보자. 이 글에서는 서울시 소재 사회주택을 예로 들어보겠다. 먼저 서울시 사회주택 플랫폼에 들어가서 '내 집 찾기' 항목을 확인해보자. '지도에서 찾기'나 '좋은 주택 찾기'를 이용할 수도 있다. 내가 거주하고자 하는 지역부터 보증금, 월세 등 다양한 조건을 입력해 검색해도 된다. 또한 사회주택은 성별 전용과 공용이 나누어져 있으니 검색 시 꼭 확인하자.

사회주택은 시행한 지 얼마 되지 않은 제도라 아직 보완할 점이 많다. 또 정책 특성상 주로 기존에 있던 건물이나 토지를 공공기관에서 매입하여 리모델링한 뒤 민간투자자와 임대차계약을 맺는 방식으로 운영하기 때문에 운영자 공급이 원활하지 않으면 입주가 어려워질 수 있다. 그래서 사회주택 입주 시 꼭 고려해야 할 것 몇 가지를 정리해봤다.

### ① 공동생활에 잘 적응할 수 있는지 따져보기

사회주택은 최대한 많은 사람들이 누려야 하는 '주거복지정책'이다. 그 때문에 대부분의 사회주택은 원룸이나 투룸 형태이고 세탁, 조리 등의 생활편의 시설은 공동으로 사용하는 경우가 많다. 평소 개인 생활을 중요하게 생각한다면 조금은 불편할 수도 있다.

### ② 초역세권이 아니어도 괜찮을지 따져보기

사회주택은 주변 상권의 임대료와 비교했을 때 최대 80%까지 낮다는 장점이 있다. 때문에 역이나 버스정류장 등 대중교통 시설과 거리가 가까운 사회주택은 인기가 좋아 자리가 나면 금방 마감된다. 또한 기본적으로 한정된 예산을 투입하기 때문에 교통이 조금 불편한 지역에 위치한 경우도 있다. 따라서 사회주택을 신청할 때는 반드시 주변 교통상황과 나의 조건을 잘 따져보는 것이 좋다.

사회주택은 소득에 따라 입주자격이 제한되어 있는데, 가구당 월평균 소득 100%(500만 2,590원)를 기준으로 그 비율이 다르다. 1인 가구는 월평균 소득 70%(350만 1,813원) 이하인 사람이 신청할 수 있다. 2인 이상 가구는 세대원 모두의 월평균 소득을 합산한 것이 100%(500만 2,590원) 이하면 신청이 가능하다. 신혼부부는 부부의 소득을 합쳐 월평균 소득 120%(600만 3,108원) 이하면 된다. 물론 월평균 소득은 통계청 조사에 따라 해마다 달라질 수 있다. 입주신청은 총 5단계로, 입주자 모집공고, 신청, 입주자 선정 및 확인, 임대차 계약 체결, 입주다. 신청 전에 해당 사회주택을 방문해 주거 공간을 미리 확인해볼 수도 있다.

## 혼자 사는 외로운 삶은 그만, 공동체 주택

공동체 주택이란 독립된 공동체 공간(커뮤니티 공간)을 설치한 주거 공간으로, 공동체 규약을 마련하고 입주자 간 소통·교류를 통해 생활 문제를 해결하거나 공동체 활동을 함께하는 새로운 형태의 주택이다. 사회주택이 저소득층의 주거 안정을 위해 시작된 정책이라면, 공동체 주택은 1인 가구 증가로 인한 주거 및 사회적 문제를 해결하기 위해 내놓은 정책이다. 때문에 공동체 주택에는 공동체 공간이 반드시 있어야 한다.

공동체 주택의 가장 큰 특징은 거주하는 사람들의 특징에 따라 주거공간이 특화되는 것이다. 요리사들을 위한 공동 주방, 화가들을 위한 공동 작업실, 육아 및 보육을 위한 어린이집 운영 등의 사례가 있다. 자세한 정보는 지자체별 홈페이지에서 확인할 수 있다.

# 놓치면 안 되는
# 공공주택들

공공주택이란 정부에서 지원을 받아 건설, 매입, 임대되는 주택으로, 사업 주체가 정부가 될 수도 있고 민간 기업이 될 수도 있다. 다양한 방식으로 지원받는 만큼 그 종류도 다양하다. 그중에서도 알아둘 만한 것들을 선별해서 소개하려 한다. 앞서 소개한 사회주택은 사회적 기업 등 민간이 사업 주체인 반면 공공주택은 주로 국가 또는 지방자치단체, 주택사업 목적의 지방공사, 공공기관 등이 사업 주체라는 점에서 차이가 있다. 사회주택과 공공주택 모두 비교적 저렴한 주거비용과 안정적인 거주기간을 보장한다.

## 창업을 꿈꾸는 청년에게 딱! '도전숙'

도전숙은 서울주택도시공사가 1인 창업가, 기업가, 청년 상인에게 공급하는 수요자 맞춤형 공공임대주택이다. 사무공간도 제공하기 때문에 주거와 업무를 한 번에 해결할 수 있다. 신청이 가능한 대상은 서울시에 거주하는 만 19~39세, 무주택세대 구성원인 1인 (예비) 창업가다. 임대기간은 2년, 2회 연장이 가능해 사업이 궤도에 오를 때까지 집과 사무실 걱정은 접어도 되는 것이다. 자세한 내용은 서울주택도시공사 홈페이지i-sh.co.kr에서 확인해보자.

## 청년들의 내 집 마련에 딱! '행복주택'

1인 가구의 주거 불안을 해소하기 위해 대중교통이 편리한 부지를 활용하여 저렴하게 공급하는 새로운 공공임대주택이다. 행복주택 근처에는 고용센터, 도서관 등 다양한 주민편의시설도 함께 만들어져서 좋다. 주변 시세보다 저렴한 임대료에 최대 10년까지 장기간 거주할 수 있는 것도 장점이다. 자세한 내용은 행복주택 홈페이지happy-housing.co.kr에서 확인할 수 있다. 홈페이지에서 입주자격 자가진단도 받을 수 있어 편리하다.

## 함께 사는 재미, '두레주택'

두레주택은 주방과 거실 등 주택의 일부를 건물 내 이웃 세대와 공유하는 셰어하우스 형태다. 1~2인 가구 비율이 급격히 증가하는 세태에 맞춰 정부에서 계획한 임대주택으로 임대기간은 2년이다. 신청 자격을 유지하면 재계약이 가능하고 최대 10년까지 거주할 수 있다. 자세한 정보는 서울주택도시공사 홈페이지에서 확인하자.

장년층을 위한 어르신 두레주택도 있다. 주거 환경이 열악하고 소득이 적은 홀몸 어르신들의 주거환경 개선을 위해 금천구에서 시작된 제도로 현재는 전국에서 시행 중이다. 서울 금천구를 기준으로 살펴보면 계약 기간은 2년이고, 자격 요건을 갖추면 9회까지 재계약이 가능하다. 총 20년간 거주할 수 있다. 자세한 정보는 각 지자체에 문의해보자.

## 내 삶을 좀 더 윤택하게, '도시형 생활주택'

정부가 무주택자인 1인 가구 및 사회적 약자의 주거 안정을 위해 도입한 생활주택이다. 한 곳에 300세대 미만으로 구성된다. 형태도

다양하다. 단지형 연립주택, 단지형 다세대주택, 원룸형이 있다. 서울시에 거주하는 1인 가구 무주택세대 중 입주 조건을 충족한다면 누구나 신청할 수 있다. 입주자격 및 자세한 내용은 서울주택도시공사 홈페이지i-sh.co.kr에서 확인할 수 있다.

## 함께 성장해요!
## '청년 협동조합형 공공주택'

자립 기반이 취약한 청년들을 위해 제공되는 공공주택이다. 개별 주거 공간 외에 별도의 커뮤니티 공간을 필수적으로 갖춰야 한다. 그래서 청년 협동조합형 공공주택은 건물에 다용도로 사용 가능한 공동 공간이 꼭 있다. 서울에 거주 중인 만 19~35세 청년이어야 하고, 소득기준도 충족해야 입주할 수 있다. 시중보다 절반 이상 저렴한 임대료도 특징이다. 최초 계약기간은 2년인데, 소득·자산요건과 조합원 자격을 유지할 경우 재계약도 가능하다.

# 어렵게만 느껴지는
# 전월세보증금대출 A to Z

---

◆

'대출'이라는 단어 자체에 두려움과 거부감을 가진 사람들이 많다. 특히 대출이나 사회 경험이 많지 않은 청년들은 대출 관련 용어나 내용이 생소해서 더더욱 두렵고 어렵게 느껴진다. 하지만 마음먹고 찬찬히 읽어보면 충분히 이해할 수 있다. 아래 요약된 '중소기업취업청년 전월세보증금대출'의 내용을 자세히 알아보도록 하자.

이 제도는 2018년 하반기에 최초 시행된 정부 지원제도임에도 불구하고 연 1.2%라는 낮은 대출 금리와 완화된 대출 자격요건의 장점 때문에 많은 청년의 주목을 받고 있다. 실제 대출을 받고 줄어든 주거비에 만족한다는 후기가 많이 보인다.

**대상 주택** : 임차 보증금이 2억 이하인 전용면적 85m² 이하의 주택이나
　　　　　　주거용 오피스텔

**대출한도** : 1억

**대출 기간** : 2년(4회 연장, 최장 10년 가능)으로 만기일시상환 방식

**대출 담보** : ① 주택도시보증공사의 임차보증금 100% 보증
　　　　　　② 한국주택금융공사의 임차보증금 80% 보증

**대출 금리** : 연 1.2%의 고정금리로 대출상환수수료 없음.
　　　　　　대출 기간 4년 이후부터는 일반 버팀목 전세자금대출금리 적용

**대출 신청 시기**
· 신규 : 잔금 지급일과 주민등록등본의 전입일 중 이른 날짜부터 3개월 이내
· 추가 대출 : 전입일로부터 1년 이상 경과하고 기존 대출일로부터 1년 이상
　　그리고 계약갱신일로부터 3개월 이내

**대출 신청 가능 기한** : 2021년 12월 31일 까지

그렇다면 어떤 절차와 진행 과정을 거치는 것이 효과적인지, 또한
각 단계에서 주의해야 할 점은 무엇인지 알아보자.

## 대출자격과 대출한도 알아보기

대출을 받기 위한 첫 번째 단계는 내가 대출을 받을 수 있는 자격

이 되는지, 그리고 대출을 받는다면 얼마까지 받을 수 있는지 알아보는 것이다. 앞선 표로 설명한 신청자격과 대출한도에 관한 내용을 참고해서 주택도시기금 사이트nhuf.molit.go.kr에서 조회해보거나 본인의 소득을 증빙할 수 있는 서류를 준비해서 은행에 문의해보자.


## 예산 짜기


대출자격과 대출한도를 확인했다면 이제 본격적으로 예산을 짜야 한다. 전세보증금 전부를 대출에 의지할지, 일부는 모아둔 저축액으로 충당할지 등 자신의 자금 사정에 따라 예산을 세워야 한다. 주택도시보증공사의 100% 대출상품은 전세물건의 등기부 등본이 있어야 조회가 가능하고 전세 시장에서 물건을 구하기가 쉽지 않기 때문에 예산을 짜는 단계에서는 전세금의 최대 80% 정도 대출이 가능하다고 생각하는 것이 좋다. 또한 전세금에 지금까지 모은 돈을 올인해서 예산을 짜지 않도록 주의하자. 이사를 하다 보면 예상치 못한 추가 비용이 들기도 하고, 살다 보면 예상치 못한 지출이 생기기도 하니 가진 돈의 일부는 전셋집 예산에서 따로 빼서 챙겨두는 것이 좋다.

## 집 알아보기

집을 구할 때는 먼저 직장과의 거리, 교통, 생활편의시설 등과 같은 주변 환경을 고려하여 대략적인 위치를 정하고, 앱이나 주변 중개사무소를 통해 더 구체적인 것들을 알아본다. 먼저 등기부 등본을 통해 세금체납, 압류, 가압류, 가처분, 가등기 되어있는 물건인지, 그리고 전세권, 임차권, 저당권과 같은 근저당이 설정되어 있는지를 확인해야 한다. 등기부 등본에 문제가 없다고 판단되면 채광, 누수, 결로, 수압과 같은 집의 내부 상태를 점검해보고 관리비는 어느 정도 되는지도 확인해보자.

사실 모든 집에 해당 전세자금 대출이 가능하지는 않다. 그러나 요즘은 방 구하기 앱에 전세자금 대출이 가능한 매물만 찾아볼 수 있도록 필터가 마련되어 있기도 하고, 중개사무소도 어느 정도 정보를 갖추고 있으니 '중소기업취업청년 전월세보증금대출'이 가능한 물건만 소개해달라고 요청하면 된다. 실제로 주변에서도 해당 대출이 가능한 전셋집을 구해 이사한 경우를 드물지 않게 볼 수 있으니 쉽게 포기하지 말고 시간을 투자해보자.

## 은행 상담으로 대출 가능여부와
## 대출액 재확인하기

마음에 드는 집을 찾았다면 즉시 해당 집의 등기부 등본과 본인의 소득 증빙 서류를 가지고 은행에 방문하여 대출 가능여부와 대출액을 알아보는 것이 좋다. 해당 대출이 가능한 전셋집은 흔하지 않기 때문에 이 단계부터는 빨리 진행하지 않으면 기회를 놓칠 수도 있다. 전셋집의 융자와 권리관계에 대한 확인 후 문제가 없다고 판단되면 전셋집을 계약하면 된다.

## 계약하기

아직 대출 가능여부와 대출 가능금액이 확정된 단계는 아니다. 대출이 원활하게 이루어지지 않아 예상한 대출액이 승인되지 않거나 대출심사가 오래 걸려 잔금 지급 날짜를 맞추지 못하는 등의 변수가 생길 수도 있으니 반드시 계약서 하단에 '특약'을 기재해야 한다. 만약 특약을 기재하지 않았다면 대출심사 탈락 시 계약금을 되돌려 받지 못할 수도 있다.

이 단계에서는 임차보증금의 5% 이상을 계약금으로 지급해야 하니 계약금을 준비해둬야 한다. 혹시 모를 가능성을 염두에 두고 5% 이하의 금액을 지급했다면 추후 대출 신청에 문제가 생긴다. 100% 전세금 대출을 받게 되면 내가 집주인에게 지급한 계약금 전액을 은행으로부터 되돌려 받게 된다.

## 은행에 대출 신청하기

원하는 전셋집에 대한 계약까지 마무리했으니 이제 은행에 정식으로 대출을 신청해야 한다. 대출 신청을 위해서는 위에서 기재된 대출에 필요한 서류 전부를 은행에 제출해야 한다. 은행은 제출된 서류를 바탕으로 자격심사, 소득심사, 자산심사 그리고 담보물심사 단계를 거쳐 대출을 승인한다. 이 과정은 예상보다 오래 걸릴 수 있다. 은행은 보통 잔금 납입일 기준 최소 3주 전에 신청하도록 권장하고 있다. 통상적으로는 서류 제출 후 1~2주가 소요되지만, 혹시 모를 문제를 고려하여 가능하면 충분한 시간을 두고 여유 있게 신청하는 것이 좋다.

## 이사 후 은행에 추가서류 제출하기

무사히 대출이 승인되어 대출금을 수령하고 이사를 했다면 전입신고를 해야 한다. 전입신고 후 한 달 이내에는 주민등록등본을 은행에 제출해야 하는데, 은행은 제출된 주민등록등본을 통해 제대로 대출금을 이사에 사용했는지, 세대주로 등록되어 있는지를 확인한다. 이로써 대출 관련 모든 절차는 마무리된다.

## 대출이자 납부와 대출상환하기

대출이자는 매월 지정한 날짜에 지정한 계좌에서 자동으로 인출되니 대출이자 납입일에는 이자 금액 이상의 잔고를 유지해야 한다. 그렇게 전세 계약 기간 내내 이자를 납입하다 계약이 종료되면 집주인으로부터 전세보증금을 돌려받아 한꺼번에 은행에 대출을 상환하면 된다. 만약 매월 지급되는 이자 금액을 줄이고 싶다면 여윳돈이 생길 때마다 대출금을 상환하면 된다. 중도 상환수수료가 없으니 대출 상환이 자유롭다. 인터넷이나 모바일을 이용하면 대출 상환을 위해 번번이 은행을 방문하는 번거로움도 덜 수 있다.

'중소기업청년취업 전월세보증금대출'은 중소기업에 근무하거나 창업을 한 청년의 주거 안정에 초점을 맞춘 정부 지원제도다. 정부의 다른 전세 관련 대출금리가 최소 연 2.3% 이상인 점을 고려하면 1.2%의 낮은 금리는 매우 큰 혜택이다. 현실적으로 전세 시장에서 100% 보증상품을 구하기가 쉽지는 않지만 80% 보증상품의 경우에는 큰 문제없이 성공적으로 대출이 이루어지고 있다. 2021년 12월 31일까지만 신청 가능한 한시적 정부 지원책이니 자격요건이 된다면 적극적으로 해당 대출을 알아보길 권한다.

3장

# 모으고 불려,
# 돈 주머니
# 만들기

# 부동산 투자의 첫걸음: 부동산 계약하기

✦

　어떤 집을 골라야 내가 낸 전세금을 안전하게 돌려받을 수 있을까? 가장 중요한 선택 기준은 전세가율이다. 전세가율은 전세가격을 매매가격으로 나눈 비율이다. 그 값이 평균치를 넘어서는 집은 피하는 게 좋다. 전세가율이 높다는 것은 해당 부동산의 가치에서 내 돈(보증금)이 차지하는 비중이 크다는 것을 의미한다. 즉, 세 든 집에 문제가 생겼을 때 완충지대(매매가격 또는 낙찰자 인수금액을 포함한 경매가격에서 전세금을 뺀 금액)의 폭이 좁다는 것이다. 그 폭이 0에 가깝거나, 0 이하로 떨어진 집을 '깡통주택'이라고 부른다. 집주인이 집을 팔아도 내 전세금을 다 상환해 줄 수 없다는 뜻이다.

# 1단계.
## 전셋집 고를 땐 '보증금 ÷ 집값' 나눗셈부터

'KB주택가격동향 보고서'에 따르면, 지난 2월 지역별 매매가격 대비 평균 전세가율은 서울 60.9%, 광역시 66.2%, 수도권 66.1%, 기타 지역 67.8%이다. 그런데 전세가율을 계산할 때 빼놓지 말아야할 것이 있다. 내가 세 들려고 하는 집에 나보다 먼저 들어와 있는 빚이다. '선순위 근저당권★'이라고 하는 것이다. 그것을 포함해서 전세가율을 계산해야 한다.

예컨대 세 들려는 집의 시세가 1억 원, 내 전세금이 5,000만 원, 내가 이사하기 전 집주인이 집을 담보로 은행에서 3,000만 원 대출한 경우, 전세가율은 50%(5,000만 원/1억 원)가 아니라 80%(3,000만 원 +5,000만 원/1억 원)라고 생각하는 것이 안전하다. 만일 문제가 생긴다면, 8,000만 원 이상 되는 값에 집이 팔려야 내 전세금을 전부 돌려

---

★ 선순위 근저당권이란?

부동산에 관한 권리는 등기부에 등재함으로써 공시력(모두에게 알리는 효과)을 얻는다. 그런데 등기부의 갑구와 을구에 등재된 권리는 각각 등재 시점에 따른 순번을 가지고 있다. 내 주민등록(전입신고)보다 빠른 순번은 선순위, 늦은 순번은 후순위의 권리다. 을구에 내 전입신고보다 이른 날짜의 근저당권이 있다면 그것이 선순위근저당권이다. 문제가 생겨 집이 경매에 넘어가면, 그것을 먼저 변제하고 남은 돈에서 내 보증금을 돌려받을 수 있다.

받을 수 있기 때문이다. 주변의 수급상황도 잘 살펴봐야 한다. 만약에 내가 세를 얻으려는 집 주변에 새 아파트를 분양하거나 공사 중이라면, 계약 만료 시점에 전셋집 공급이 수요를 초과할 가능성이 있다. 서울 송파구 헬리오시티가 좋은 사례다. 강남권에 속하는 좋은 입지의 아파트이지만, 한꺼번에 많은 물량(9,510가구)이 쏟아지면서 주변 전세 시장이 크게 출렁였다. 송파구뿐 아니라 인근 지역에서까지 제때 보증금을 빼지 못해 속을 태우는 사람이 속출했다.

부동산 거래의 기본, 등기부 확인도 필수다. 내가 세 들려고 하는 집에 근저당은 없는지, 체납된 세금이나 갚지 못한 채무로 인한 압류는 없는지, 나보다 앞선 임차권자가 있지는 않은지, 내 전세금을 위협할 만한 가처분이나 가등기같은 권리는 없는지 등등을 똑똑히 살펴봐야 한다. 다세대나 다가구 주택이라면 현관문에 적힌 호수와 등기부에 기재된 호수가 맞는지도 확인해야 한다. 만약 다르다면 계약서에 그 부분을 명확히 해 둬야 한다. 신분증과 인감증명 등을 통해 계약서에 사인하는 임대인이 실제 집주인이 맞는지도 확인해야 한다.

## 2단계.
## 이삿짐도 풀기 전에 반드시 전입신고부터

신중히 전셋집을 선택해 계약을 했다면, 이제 내 전세보증금에 자물쇠를 채울 차례다. 일반적인 방법은 이삿날 바로 전입신고를 해서 '대항력'을 확보하는 것이다. 대항력이란 계약 당사자 외의 제3자에 대해서도 자신의 권리를 주장할 수 있는 힘을 의미한다. 세입자가 대항력을 행사할 대상은 새 집주인이다. 즉, 대항력을 갖췄다면 계약이 끝나기 전에 집주인이 바뀌더라도, 만기일까지 살다가 새 집주인으로부터 보증금을 돌려받아 나올 수 있다는 뜻이다. 그런데 이 대항력은 인도(이사)와 주민등록(전입신고)을 모두 완료한 다음날 오전 0시에 발생한다. 이사만 하고 전입신고를 미루고 있는 사이, 주인이 집을 담보로 대출을 받는다면 은행보다 순위가 밀리게 된다. 보증금을 날리게 될 수도 있다는 말이다. 이사하는 날 반드시 전입신고를 해야 하는 이유다. *

또한 주민센터에서 전입신고를 할 때 확정일자도 받아 둬야 한다.

> ★ 전세계약도 스마트하게
>
> 국토교통부의 부동산거래 전자계약시스템 irts.molit.go.kr을 이용하면 주민센터에 가지 않고도 확정일자를 자동으로 부여 받고, 실거래가 신고도 할 수 있다. 공인인증서와 스마트폰이 있다면 간편하게 전자계약을 체결할 수 있다.

|  | 확정일자 | 전세권 |
|---|---|---|
| 집주인 동의 | 필요 없음 | 필요 |
| 절차 | 주민센터에서 전세 계약서에 날인 | 집주인 인감 등 서류 구비 후<br>관할 등기소에서 등기 |
| 효력의 범위 | 건물 및 토지 | 건물<br>※경매 시 건물분 낙찰금액 내에서 변제 |
| 우선변제 요건 | 이사 및 주민등록 유지 필요 | 없음 |
| 비용 | 600원 | 등록면허세(보증금의 0.2%),<br>지방교육세(등록면허세의 20%) 등 |

대항력과 함께 확정일자가 있으면 '우선변제권'이라는 권리가 생긴다. 집주인에게 문제가 생겨 세 든 집이 경매에 넘어 가는 경우 이 권리가 위력을 발휘한다. 우선변제권이 있는 세입자는 압류권자나 근저당권자와 마찬가지로 배당에 참여해 낙찰금액에서 보증금을 우선적으로 되돌려 받을 수 있다. 문제가 생긴 집에 굳이 계약 만료일까지 살지 않고도, 보증금을 빼서 다른 집으로 이사 갈 수 있다. 확정일자는 계약서만 있으면 잔금을 치르기 전이라도 받을 수 있다.

전세권을 설정하는 방법도 있다.(여기서 '전세'란 시장에서 전세, 월세 나눌 때의 전세가 아니라 임대차계약에 따른 법률상의 전세 개념이다. 즉, 월셋집에도 전세권을 설정할 수 있다) 전세권자는 이사와 전입신고가 필요 없다. 이사를 하고도 바로 전입신고를 할 수 없거나, 사는 도중 다른 곳으로 주민등록을 옮길 필요가 있을 때 유용하다. 반면 대항력만 있는 경우는 주민등록을 옮기는 순간 그 대항력이 사라진다. 다시 전입신고를 해도, 대항력 발생 시점은 최초가 아니라 최근전입신고일 다음날 0시가 된다.

　보험도 있다. 보험에 가입하면 계약 만료 시 집주인이 돈을 돌려주지 않아도, 소송 없이 공사로부터 보증금을 받을 수 있다. HUG 전세보증금반환보증의 보증금 한도는 수도권 7억 원, 지방은 5억 원이다. 신규 전세계약이라면 잔금(또는 전입신고) 날짜로부터 계약 만료일까지의 기간 중 2분의 1을 넘지 않은 시점에 가입 신청을 할 수 있다. 계약을 갱신하는 경우라면, 계약 만료 1개월 전부터 갱신 계약기간의 2분의 1이 지나기 전에 신청하면 된다. 연간 비용은 아파트 기준으로 보증금의 0.128%이다.

　SGI서울보증의 '전세금 신용보험'도 있다. HUG와 달리 아파트 전세계약이라면 보장 대상보증금의 한도가 없다(아파트 이외 주택은 10억 원 한도). 임대차 계약 개시일로부터 10개월 이내(계약 기간이 1년인 경우 5개월 이내)에 가입할 수 있다. 아파트 기준 연간 비용은 0.192%이다.

# 3단계.
## "보증금을 안 줄 땐 어떻게?"

아무리 안전장치를 철저히 해 두더라도, 보증금을 돌려주지 않는 집주인이 있기 마련이다. 그럴 경우엔 당황하지 말고 다음과 같이 법적절차를 밟으면 된다.

### ① 내용증명 보내기

집주인이 차일피일 보증금 반환을 미루면서 핑계를 댄다면, 우선 반환 의무를 고지하고 지급을 요구하는 내용증명을 집주인 앞으로 보내는 게 좋다. 향후의 법적 대응 과정에서 기초 증거가 된다. 그리고 법원에 지급명령을 신청하거나 보증금 반환 소송을 제기한다.

### ② 이사를 해야 한다면 임차권 등기

만약 전세권 없이 대항력과 확정일자만 있는데 불가피하게 이사를 해야 한다면, 임차권 등기명령도 반드시 함께 신청해야 한다. 앞에서 주민등록을 옮기는 순간 대항력이 사라진다고 설명했는데, 자신의 임차권을 등기부에 올리고 나면 주소를 바꾸더라도 권리를 유지할 수 있다.

### ③ 법적으로 반환요구

지급명령 신청은 전자소송 사이트ecfs.scourt.go.kr를 통해서도 가능하다. 임대차 관계가 분명하고 다툼의 소지가 적을 때, 판사의 지급명령을 신속히 받아낼 수 있다. 그것이 불가능하다면 정식 보증금 반환 소송을 진행해야 한다. 시간과 비용이 많이 들지만, 승소 시 집주인에게 투입된 비용 지급을 요구할 수 있다. 지급명령서나 반환 소송의 확정 판결문으로 집을 경매에 부쳐, 내 보증금을 변제 받을 수 있는 법률적 근거가 된다.

### ④ 경매에 대비하기

끝까지 원만한 해결이 안 된다면 결국 법원으로부터 경매개시결정 통지서가 날아온다. 지금까지 설명한 안전수칙을 잘 지켰다면 큰 걱정은 하지 않아도 된다. 등기부 상의 권리 가운데 내 대항력(또는 전세권)보다 앞선 것이 없다면 낙찰자가 내 보증금을 인수해야 한다. 즉, 전 집주인 대신 새 집주인이 나의 전세금을 갚아야 한다. 우선변제권이 있다면 배당 과정에서 보증금을 돌려 받든지, 계약 만기 시까지 계속 살든지 선택할 수도 있다.

### ⑤ 전셋집 낙찰 받기

만약 살고 있는 집이 마음에 든다면 직접 경매에 참여하는 것도 방법이다. 보통 선순위 임차인이 있는 집은 낙찰가가 낮게 형성된다. 내가 낙찰을 받는다면 잔금을 낼 때 내 보증금만큼을 상계 처리하면 된다. 비교적 합리적인 가격에 내 집을 마련하는 길이 될 수 있다.

# 연금으로 평생 월급받기: 3번에 나눠 받는 연금 소득

평생 직장도 평생 직업도 없어진지 오래다. 일하는 기간에 비해 평균 수명은 너무나도 길어졌다. 대부분의 국민은 노후 자금 준비가 부족하다고 생각한다. 통계청의 '2019년 사회조사 결과'에 따르면 19세 이상 인구 중 노후 준비가 안 된 국민은 34.9%로 국민 3명 중 1명 꼴이다. 2017년 조사 결과보다 2%포인트 늘어난 수치다. 평균수명이 길어지면서 은퇴 기간도 늘어난다. 노후자금의 중요성이 갈수록 커지는 이유다.

그럼 은퇴 이후엔 얼마가 필요할까? 2019년 12월 통계청이 발표한 가계금융복지조사 결과에 따르면 은퇴 후 부부의 월평균 적정 생활비는 291만 원이다.

은퇴이후 고정 수입이 없는 대다수 노년층에게는 연금소득이 월급을 대신하는 경우가 많다. 이 때문에 연금저축이 중요해지면서 국민연금, 퇴직연금, 개인연금을 합해 '3층 연금'이 최근 더 주목받는다.

## 1층에 국민연금

연금 수령액을 늘리기 위해서는 가급적 배우자도 임의가입을 통해 '연금 맞벌이'를 해 두면 좋다. 소득이 없는 전업주부의 경우 국민연금 의무 가입 대상은 아니지만 임의로 가입이 가능하다. 국민연금 연금액을 늘리기 위해 '추납(추후납부)'도 할 수 있다. 추납은 소득이 없어 보험료 납부예외 신청을 했다가 나중에 안 낸 돈을 한꺼번에 내는 것이다. 실직이나 휴직 기간 동안 내지 않았던 연금 보험료가 있다면, 추가로 납입해 연금 수령액을 늘리는 것이 좋다.

지난 2016년 11월부터는 법 개정으로 경력이 단절된 주부의 '추후납부'도 가능해졌다. 그러니 국민연금 가입 경력이 있는 주부라면 추납을 적극적으로 활용할 필요가 있겠다. 납부 예외 기간에 해당하는 보험료가 부담될 경우는 해당 보험료를 분할해서 낼 수 있다. 최대 60회까지 분납이 가능하다.

## 2층에 퇴직연금

퇴직연금은 퇴직할 때까지 중간 정산을 하지 않고 연금으로 수령하는 것이 좋다. 자신이 퇴직연금에 가입돼 있는지 잘 모르겠다면, 금융감독원의 '통합연금포털 http://100lifeplan.fss.or.kr'이나 국민연금공단의 '내연금알아보기 http://csa.nps.or.kr'를 통해 조회해보자. 회원가입 후 연금정보 조회 신청을 하면, 자신이 가입한 퇴직연금과 개인연금 정보를 확인할 수 있다.

퇴직연금은 퇴직금 제도 대신 회사가 근로자의 동의를 얻어 퇴직금에 해당하는 금액을 은행, 보험, 증권사 등에 예치하는 제도다. 55세 이후 일시금 형태로도 지급받을 수 있다. 우리나라에선 아직 퇴직연금의 적립액이 소액이라 안타깝게도 연금으로 활용하지 못하고 일시금으로 받는 경우가 많다.

이직이 잦은 경우 퇴직연금액이 크지 않아서 별 도움이 안 될 것 같다면, 개인형 퇴직연금IRP 추가 납입으로 비과세 혜택도 받으면서 적립액을 늘리는 방법이 있다. 개인형 퇴직연금은 연금저축과 합쳐서 연간 700만 원까지 세액공제 혜택을 준다. 연금저축에 400만 원을 납입했다면 IRP는 300만 원, 연금저축이 없다면 IRP로 700만 원까지 세액공제를 받을 수 있다. 개인형 퇴직연금 납입으로 발생하는 이자소득에 대해 15.4%인 이자소득세를 면제해 주고, 55세 이후 연금으로 수령할 때 연금소득세율(3.3~5.5%)을 적용하는 방식도 가능하다. 높은 이자 소득세를 피할 수 있다는 점에서 꽤 괜찮은 혜택이다.

노후자금을 넉넉하게 준비하고 싶다면, 최대 납입한도인 연 1,800만 원까지 납입할 수 있다. 700만 원을 초과해 납입한 1,100만 원에 대해서는 세액공제 혜택은 없지만, 이후 연금으로 수령할 때 소득세 절감 효과가 있다. 다만 퇴직연금을 중도 해약할 땐 기타소득세 16.5%를 내야 한다.


## 3층에 개인연금


개인연금으로 부족한 연금수령액을 보충해야 한다. 퇴직연금이 든든하게 받치고 있다면 좋겠지만, 부족한 경우가 대부분이기 때문이다. 추가로 개인연금을 통해 연금으로 받는 '월급'을 완성하자.

우선 국민연금 홈페이지 http://csa.nps.or.kr 에서 국민연금 예상 수령액, 퇴직연금과 개인연금 가입유무와 예상 연금수령액을 확인해 보자.

개인연금에는 연금보험, 연금저축, 연금펀드 세 가지가 있다. 리스크를 최대한 낮추고 절세 혜택을 통한 초과이익을 노리겠다면 연금저축이나 연금보험을, 절세 혜택뿐 아니라 투자를 통해 좀 더 높은 수익률을 얻고 싶다면 연금펀드를 추천한다.

기존에 연금보험이나 연금저축을 갖고 있었더라도 세금에 대한 불이익 없이 서로 다른 연금저축상품으로 갈아타기가 가능하다. 예를 들어, 보험사에서 가입했던 연금저축보험을 증권사의 연금저축펀드로, 은행의 신탁상품을 증권사의 연금저축펀드로 변경할 수 있다.

# 생활비가 쏠쏠,
# 추가 '금융 소득'

◆

금액적 여유가 있다면 정기적으로 분배금을 받을 수 있는 금융 상품에 가입해두면 좋다. 추가적인 '금융 소득'이 생길 수 있다. 대표적인 금융 상품에는 '월지급식 펀드'나 인컴 '상장지수펀드ETF, Exchange Traded Fund'가 있다.

월지급식 펀드는 고금리 채권이나 고배당주 등에 투자해 발생한 수익을 받는 펀드다. 이익금이나 이자가 아닌, 정해진 분배금을 매월 받는 형식으로, 가입할 때 돈을 맡기면 그 돈을 투자해 한 달에 한 번 투자금액의 일정 비율이 수입으로 나오는 방식이다. 연금이 필요한 은퇴예정자들이나 은퇴자들에게 인기가 많고, 우리나라보다 고령화가 먼저 진행된 일본은 월지급식 펀드의 비중이 매우 높다.

'상장지수펀드'는 거래소에 상장돼 일반 주식과 똑같이 거래되는 인덱스펀드Index Fund다. 지수를 따르는 펀드의 장점과 쉽게 거래가 가능하다는 주식의 장점을 합친 상품이다. 특히 인컴Income ETF는 배당주, 채권과 같이 정기적으로 현금 수익(인컴)이 발생하는 자산에 투자해 안정적인 수익을 얻는 상품이다.

매월 정기적으로 필요한 지출은 연금소득으로 충당할 수 있게 해보자. 추가로 들어가는 지출은 금융소득에서 쓴다고 생각하고 은퇴 자금을 준비하면 된다. 추가로, 은퇴 후에 발생하는 소득을 안정적으로 관리하기 위해 저축을 선택할 때는 비과세 종합저축이 있다. 비과세 종합저축은 만 65세 이상을 대상으로 한다. 이 상품에 가입하면 원금 기준으로 최대 5,000만 원(전체 금융기관 합계액)까지 이자소득세와 주민세를 포함해 15.4%에 해당하는 세금을 내지 않고 이자를 받을 수 있다.

## 집을 줄이고 현금 비중 UP, '부동산 소득'으로 3중 소득 완성

주택 규모를 줄여 그 차액으로도 현금흐름을 만들 수 있다. 지난 4월 이후 다주택자 양도세중과 등 세금 부담이 커지면서 보유 자산을 줄이고 현금 보유를 선택하는 은퇴가구도 늘어나는 추세다. 만 60세 이상 주택소유자라면 '주택연금' 가입도 방법이다. 살고 있는 집에 거주하면서 부족한 생활비를 받아 사용할 수 있다.

주택연금은 주택을 담보로 매월 연금을 받는 제도다. 1주택이든 다주택이든 보유 주택 가격의 합산이 9억 원 이하로만 연금 신청이 가능하다. 부부 중 한 명이 만 60세 이상이면 신청 가능하다. 다주택자(합산 9억 원 미만)인 경우, 현재 거주하는 집이 3억 원이라면 그에 대한 연금만 인정된다. 만약 현재 보유 주택이 두 채이고 주택가 합산이 9억 원 이상일 경우에는, 3년 이내에 주택 하나를 팔고 난 뒤 남은 한 채에 대해서만 연금 신청을 할 수 있다. 부부 중 한 명이 사망한 경우에도 연금이 줄지 않고 같은 금액으로 지급된다. 가입자와 배우자 모두 사망하고 수령액이 남아 있을 경우엔 상속인에게 상속된다. 지급됐던 연금수령액이 주택가격을 초과했더라도 상속인에게 따로 청구되진 않는다.

노후준비가 부족하다면 은퇴 시점을 늦추고 최대한 일하는 것도 방법이다. 요즘은 40대부터 은퇴 이후를 대비해 새로운 자격증을 준비하는 경우도 늘어나고 있다. 퇴직 후 안정적인 소득을 확보하기 위한 준비는 바로 지금부터 시작해야 한다. 국민연금은 얼마나 받을 수 있을지, 언제부터 받을지, 개인연금과 주택연금은 어떻게 활용할 수 있을지 등을 살펴보고, 연금을 기초로 3중 소득을 준비해 보자.

# 잘만 고르면
# 돈이 되는 금융 상품

✦

1인생활자라면 언제나 '돈 관리'가 어려울 것이다. 예상치 못한 상황들에 맞닥뜨리면 자산관리의 불확실성이 커질 수밖에 없기 때문이다. 이런 때일수록 장기적으로 관리할 수 있는 안정적 금융 상품이나 언제든 목돈으로 쓸 수 있는 든든한 금융 상품을 눈여겨봐야 한다.

1인 가구는 같은 소비를 하더라도 2~3인 가구보다 단위 비용이 더 들어, 필수적으로 나가는 지출 비용을 줄이기가 조금 어려운 측면이 있다. 1인생활자로서 아낄 수 있는 부분은 최대한 아끼고 돈을 모으려는 노력이 습관으로 깃들면 좋다. 1인생활자의 생활 패턴에 꼭 맞는 카드부터 예·적금, 주식 등을 지금부터 함께 알아보자.

## 소비 패턴 파악하고
## 관련 혜택 주는 '카드' 고르기

밥 먹을 때 넷플릭스, 출퇴근하며 멜론, 지니 등 영상과 음악 시청이 필수인 1인생활자라면 주목하자. 신한카드에서 2019년 국내 금융사 최초로 디지털 구독경제를 이용하는 사용자에게 포인트를 적립해주는 '딥원스Deep Once 카드'를 출시했다. 연회비 2만 원에 디지털구독 서비스 정기결제 이용 시 '마이신한포인트'를 적립 받을 수 있는 혜택의 카드다. 전월 이용금액에 따라 2,000포인트(40만 원~80만 원)에서 최대 6,000포인트(120만 원 이상)까지 적립된다. 구독 서비스는 넷플릭스나 왓챠플레이 등 OTT 서비스, 멜론과 지니 등이 대상이다. 마이신한포인트는 1포인트당 1원처럼 쓸 수 있다. 이마트나 하이마트, 옥션, G마켓 등 쇼핑몰에서 포인트로 대신 결제할 수도 있다. 포인트를 사용해서 공과금을 납부하거나 문화생활비도 결제할 수 있다.

현대카드에도 비슷한 혜택의 '디지털러버DIGITAL LOVER 카드'가 있다. 디지털러버 카드로는 유튜브 프리미엄이나 넷플릭스, 멜론 등 스트리밍 서비스 구독료를 결제할 때 1개 서비스에 한해 월 최대 1만 원할인을 받을 수 있다. 넷플릭스 서비스 중 가장 저렴한 이용권이 월9,500원이니 디지털러버로 결제하면 매월 공짜로 이용할 수 있는 셈이다. 다만 카드 연회비 2만 원과 구독 서비스 할인을 위한 전월 이용금액 50만 원 이상을 사용해야 한다. 이 외에 삼성페이나 네이버페이, 카카오페이 등 간편 결제 서비스를 이용할 때도 매월 최대 1만 원 한도로 결제금액의 5%를 할인받을 수 있다.

온라인 쇼핑이나 배달을 즐기는 1인 가구에게 유용할 만한 카드도 있다. KB국민카드의 '이지온Easy on 카드'는 온라인 쇼핑몰과 배달 앱 등에서 결제할 때 5% 할인 서비스를 제공한다. G마켓, 쿠팡 같은 소셜커머스, 배달의 민족이나 편의점에서도 5%씩 할인을 받을 수 있다. 전월 실적에 따라 각각 할인 한도가 5,000원과 1만 원으로 나뉜다. 비슷한 할인 혜택을 제공하는 카드로 롯데카드의 '라이킷온LIKIT ON 카드'나 IBK기업은행의 '일상의 기쁨 카드' 등이 있다.

가전제품 등을 주로 렌탈해서 쓰는 1인 가구라면 해당 렌탈 서비스 이용 시 혜택을 제공하는 카드를 알아봐도 좋다. 핵심은 일상 속에서 자신이 주로 지출하는 분야를 파악하고, 그에 대한 할인·적립 등 혜택을 제공하는 카드를 선택하는 것이다.


## 안전자산을 위한 장기적인 '예·적금 상품'


1인생활자라면 더욱 철저하고 꾸준하게 돈을 모아야 한다. 혼자 준비를 하는 것이니 비상 상황에 대비하고, 목돈을 마련하는 데 있어 그만큼 신경을 써야 한다. 'KB1인 가구 보고서'에 따르면 1인 가구가 보유한 금융자산의 60%가 예·적금 상품이다. 수입 대비 적정한 금액을 정해두고 꾸준히 돈을 저축하는 것이 그만큼 중요한 것이다.

적금상품 중에는 1인생활자나 1인 가구 맞춤형 상품이 꽤 다양하다. 우리은행의 '올포미All for me 적금'은 적립 기간이나 적립 방법, 금액까지 개인이 설계할 수 있다. 우리은행 결제계좌 지정이나 첫 거래고객 등의 조건으로 최대 연 0.2% 우대 이율이 가능하고, 최고 2.05% 이율(36개월, 2020년 3월 29일 기준)을 적용할 수 있다. 나를 위한 힐링이나 자기계발 등 다양한 부가서비스도 제공한다. 적금 가입 후 3개월 이후 적립 금액이 50만 원 이상이라면 콘도나 리조트, 펜션 등 1박을 무료로 누리거나, 정해진 원데이 클래스 이용 시 할인 서비스를 받을 수도 있다.

KB국민은행의 '1코노미 스마트 적금' 상품도 비슷하다. 1인생활자라면 우대이율을 적용해 최고 연 2.4% 이율(36개월, 2020년 3월 29일 기준)이 적용되는 상품이다. 1인생활자 맞춤 우대항목이 6가지 있고 건당 0.1% 이율을 적용하는 방식이다. 아파트관리비 같은 공과금 자동납부실적, KB국민카드의 '청춘대로 1코노미 카드' 보유, 생활금융 플랫폼 리브Liiv 계좌등록 가입 등이 우대항목이다.

## 위험 상황에 대비하는
## 일상 속 '보험'

　보험 상품 역시 1인생활자 전용 상품이나 '미니보험(소액 단기보험)' 상품이 나오고 있다. 미니보험의 경우 상품의 보장 기간과 범위를 줄이고 가격을 낮춰 1인 가구라도 부담 없이 가입할 수 있다. 다만 전문가들은 보험료가 수익의 7~10%를 넘지 않게 설계하는 것이 중요하다고 지적한다. 기존 보험 상품은 사고나 질병 등이 발생했을 때 받는 '보험금'을 중심으로 설계되어 있었던 반면, 미니보험은 소비자가 내는 '보험료'를 최소한으로 줄이되 보장 범위나 기간을 축소하고 실생활과 밀접한 보장 부문을 선택하는 방식으로 한 실속형 상품인 것이 특징이다. 한 가지 더, 미니보험은 설계사를 만나지 않고도 모바일로 간단히 가입할 수 있는 것도 장점이다. 하나생명의 'Single병글 건강보험'은 월 3만 원으로 암, 생활, 상해를 동시에 보장받고 만기환급금도 지급하는 1인생활자 특화 보험 상품이다. 재해로 머리나 얼굴, 목 상해 시 입원비와 수술비를 보장하고, 토요일과 공휴일, 근로자의 날을 'YOLO데이'로 지정해 재해장해 급여금을 2배로 보장한다. 이 외에 응급실 내원 진료비나 깁스 치료비 등도 보장한다.

　미래에셋생명의 '잘고른 여성미니암보험'은 단돈 950원이라는 월 납부액으로 5년 보장 기간 중 유방암, 갑상선암, 생식기암 진단 시

500만 원이 보장된다. 또 가입 당시 연령이 낮을수록 납부액이 적어 부담 없이 보험에 가입할 수 있다.

운전하는 1인생활자라면 귀가 쫑긋할 보험도 있다. 디지털 손해보험사인 캐롯손해보험의 자동차보험 상품인 '퍼마일Per-Mile 자동차보험'이다. 퍼마일은 가입자가 직접 운전한 만큼 돈을 내는 후불 보험 상품이다. 보험사가 일괄적으로 책정하고 1년 단위로 가입했던 기존 보험들과는 다르다. 퍼마일은 첫 달 기본료와 주행거리 1,000km에 해당하는 보험료를 먼저 내고, 이후 보험료는 매월 주행한 거리만큼만 계산된다. 만약 퍼마일 보험을 들고 1년에 1만 km를 달렸다면, 기본료(12개월 X 2만 원)에 주행거리만큼 내는 보험료(1만 km X 20원)을 더해 총 44만 원을 내면 된다. 보험료 계산만 편한 게 아니라 가입도 편하다. 토스 앱에 차량 정보를 입력하면 예상 월 보험료를 확인할 수 있고, 비대면 가입도 가능하다.

이렇게 미니보험은 암보험, 자동차보험 등 다양하게 선택할 수 있다. 기존 종신·건강보험 등에 가입한 사람이라도 유독 걱정되는 건강 질환이 있다면 보장 부문을 선택해 추가 가입할 수 있다는 장점도 있다. 보험료에 대한 부담은 줄이고 보장에 대한 안정감은 높이니 일석이조다. 다만 저렴한 보험료에 혹해 충동적으로 여러 상품에 가입하는 건 지양해야 한다. 보험 공백이나 세심한 케어가 필요한 부문을 메우는 보완적 성격으로 활용하려는 태도가 중요하다.

마지막으로 반려동물을 가족으로 생각하는 1인 가구라면 반려동물의 건강을 챙기고 질병에 대비하는 반려동물 보험 상품에도 관심이 많을 것이다. 삼성화재의 '애니펫보험'은 상해 또는 질병 발생 시 입원·통원비를 포함한 치료비를 보장하는 반려견 종합 보험이다. 가입연령은 생후 60일부터 만 6세이고, 만기 때는 재가입을 해 최대 만 12세까지 보장된다. 또 장애인 안내견도 가입할 수 있다. 한화손해보험의 '펫플러스보험'도 입원·통원, 수술치료비 등 의료비를 70% 보장한다. 펫플러스보험은 반려동물의 가입 가능 연령이 최대 10세로, 노령견도 가입할 수 있다는 것이 특징이다.


## 어렵지 않은 '투자'의 세계


저금리 기조가 이어지면서 주식이나 펀드 같은 투자 상품도 인기다. 미래를 위한 투자로 주식·펀드에 관심 가지고 안목을 키워나가는 것도 1인생활자에겐 중요한 자산 관리법 중 하나기 때문이다. 불필요한 지출을 줄여 조금씩 만든 여유자금을 투자 자산으로 활용해도 좋다. 최근 뜨고 있는 '인컴income형 자산'은 안정적인 소득을 얻을 수 있는 금융투자자산을 말하는데, 채권이나 수익형 실물자산(부동산), 배당주 등의 성격을 가지고 있거나 이들에 투자하는 펀드 상품을 인

컴형 자산으로 볼 수 있다. 이 중에서도 배당주와 배당주 펀드에 관심을 가져보자.

배당이란 주식을 가지고 있는 사람들에게 소유 지분만큼 이윤을 나눠주는 것을 의미한다. 평소 관심 있던 유망기업이나 선호 기업 등에 주식을 사두고 배당수익을 노려보는 것도 좋은 투자 중 하나다. 다만 배당주를 고를 때에는 해당 산업이 안정적인 흐름에 있거나 재무적으로 튼튼한 기업인지, 주가 변동 폭이 작고 배당을 꾸준히 하는 기업인지 등을 두루 고려하는 것이 중요하다.

자산운용사 등 전문가에게 투자 및 자산 관리를 맡기는 방법도 있다. KB자산운용의 '1코노미 증권투자신탁⁽주식형⁾' 상품은 1인 가구 증가에 따른 수혜 종목을 발굴해 선별 투자하는 펀드 상품이다. IT, 유통, 엔터 미디어, 여행레저산업 등 다양한 분야에 분산투자 하는 게 특징이다. 펀드 중에서도 1인 가구가 장기적으로 운용할 수 있는 상품 중 하나는 'TDF Target Date Fund'다. 생애주기별 자산배분 투자라고 보면 된다. 가입할 때 은퇴 시점 등을 기준으로 특정 투자 종료 시점을 잡고 연령대에 따라 자산 비중을 고려해 투자 포트폴리오를 조정하는 방식이다. 생애주기별로 위험자산과 안전자산비중을 조절해 투자하면서 효율적인 투자 수익을 꾀할 수 있다. 이를테면 청년기에는 주식 위주로 '하이리스크-하이리턴' 투자에 적극적으로 임하고 중장년기와 은퇴 시점이 가까워질 때는 비교적 보수적으로 채권 위주의 안정적 투자와 관리를 하는 방식이다. 시점에 따른 조정뿐 아니라 투자 방식도 국내외 가르지 않는 분산 투자를 지향한다. 국내 증시 상황이 좋지 않을 때는 선진국이나 신흥국 같은 해외 증시 투자에도 과감히 뛰어들어 수익률을 높인다는 말이다.

한화투자증권의 'LifePlus TDF2045 증권투자신탁' 연금저축의 경우 타깃 데이트를 2045년으로 상정하고 주식이나 채권 관련 집합투자의 비율을 탄력적으로 조절하는 전략을 활용하고 있다. 2045 상품뿐 아니라, 5년 단위로 TDF2020, 2025, 2030 등이 있는데, 여타 TDF 상품특징처럼 국내외 다양한 자산에 분산 투자할 수 있고 주기적으로 자산 비중이 재조정되며, 은퇴시기에 가까워서는 보수적인 투자로 리스크를 줄일 수 있다는 점이 장점이다.

## 은퇴, 질병, 경제 위기 극복을 위한 '금융 상품'

질병에 걸린다면 두 가지 난관에 봉착한다. 첫째, 일하지 못해 소득이 감소하고 둘째, 큰 규모의 의료비 지출이 생긴다. 소득이 줄어들고 동시에 지출까지 늘어난다면 모아 둔 돈만으로는 생활하기 벅차기 때문에 이때 보험이 도움이 된다.

### ① 의료비 지출을 대비한 보험

1인생활자가 가입한 보험 중 가장 높은 만족도를 보인 상품이 바로 실손의료보험, 질병보험이다. 실손의료보험은 질병이나 상해로 입원이나 통원 치료 시 실제 부담한 의료비를 보험회사가 보상하는 상품이다. 장기간 치료로 인해 소득 상실 시기가 생길 경우, 의료비 절감을 위한 중요한 보험 상품으로 3년에서 5년마다 갱신된다. 나이가 들면 보험료도 오르고 납부 기간도 긴 편에 속하기 때문에 빨리 가입할수록 유리하다. 젊은 연령대에 가입하여 보험료를 납부하면 상대적으로 적은 보험료를 내고 같은 보상을 받을 수 있기 때문이다.

실손보험은 여러 곳에 가입하더라도 실제 발생한 의료비만 보장해 주기 때문에 하나 이상의 실손보험을 가입할 필요가 없다.

### ② 1인생활자 특화 '미니보험'

1인생활자의 어려움 중 하나가 외식이다. 1인을 대상으로 한 음식점이나 외식 상품이 드물기 때문이다. 보험도 마찬가지다. 비싼 보험료를 장기간 납입해야 하는 주 상품에 여러 가지 특약을 결합하는 식으로 불필요한 보장을 없애고 보험료를 낮출 수 있다. 내가 원하는 질병과 보장을 골라 보험에 가입할 수도 있다. 특히, 1인생활자의 의료보험은 치료비에 초점을 맞춰야 한다. 사망 이후의 보상보다 질병 치료를 위한 의료비 및 생활비 보장을 중심으로 보험 설계를 해야 한다.

### ③ 1인생활자를 위한 간호간병통합서비스

아픈데 주변에 도와줄 사람이 없다면 막막하다. 입원과 퇴원 그리고 통원 치료 모두 환자가 스스로 처리하기 힘들기 때문이다. 불가피하게 간병인을 구해야 하지만, 간병인 협회에 따르면 일반 질병의 하루 간병비는 8만원으로 금전적인 부담으로 다가올 수 있다.

그래서 보건복지부와 국민건강보험공단이 공동으로 '간호·간병통합서비스'를 진행하고 있다. 개인 간병인 없이 병원에서 필요한 간병서비스를 이용할 수 있는 제도다. 보호자 없는 병실이라고 불리기도 한다. 지자체가 자체적으로 간병서비스를 제공하는 경우도 있다.

**4장**

주식, 배당, 해외 펀드…,
알아두면 쓸데 있는
'금융상식'

# 주식, 배당, 해외펀드 등
# 금융상품 정리

　◆

　불안정한 노후를 보내지 않으려면 저축하는 습관이 필수다. 그 저축의 첫발은 명확한 목표 세우기다. 특정 기간 동안 특정 금액을 모으는 식으로, 자신만의 목표를 세워보는 것이 중요하다. 그 중 슬기로운 금융생활에 실질적인 도움을 줄 수 있는 유용한 금융지식과 정보들을 알아보려고 한다.

　사실 주식은 위험하다는 생각을 가지고 있는 경우가 많다. 하지만 철저히 공부하고 시작하면 ETF, 펀드 등 다양한 금융상품을 활용해 손실구간을 줄일 수 있다.

　'주알못', '주린이'를 위해 주식투자의 기초부터 알아보자. 주식은

'주식회사의 지분'을 뜻한다. 돈을 투자한 사람들을 '주주', 투자금에 해당하는 지분이 '주식'이다. 증권사를 통해 이 주식을 거래할 수 있다. 영업점에 가서 가입하는 방법도 있고 HTS*나 MTS*를 활용해 집에서도 비대면 계좌를 개설할 수도 있다.

## 초보투자자를 위한
## 주식거래 A-Z!

우리나라 주식시장은 크게 코스피와 코스닥 2개 시장으로 나뉘어 져 있다. 회사 주식의 시가총액에 따라 분류한 것이다. 코스피와 코스닥은 둘다 주식시장이지만 거래되는 기업들은 다르다. 코스피 시장에는 매출이 큰 대기업이나 중견 기업, 코스닥 시장에는 벤처기업과 중소기업 등이 주로 소속돼 있다. 비슷한 조건들의 기업끼리 거래할 수 있도록 시장을 나눠 놓은 것이다. 본격적인 투자에 앞서 생소한 거래 용어들을 알아보자.

> ★ HTS와 MTS는 무엇?
>
> HTS : 컴퓨터를 이용한 주식 거래 프로그램인 홈 트레이딩 시스템Home trading system
> MTS : 스마트폰을 이용한 주식 거래 어플인 모바일 트레이딩 시스템Mobile trading system

## 신용

일종의 짧은 대출 거래다. 약정 대금의 일정 비율에 해당하는 금액 (증거금)을 미리 내고 나머지는 2영업일 후에 지불하는 방식이다. 예컨 대 매매가가 1,000원이고 신용 30%의 주식이라면 330원에 우선 매 수거래를 할 수 있게 해주고 나머지 70%는 2영업일 이후에 청구된다.

## 증거금

주식을 매매할 때 약정대금의 일정 비율에 해당하는 금액을 미리 예탁해야 하는 일종의 보증금이다. 현재 현물시장에서의 증거금은 대개 약정금액의 40% 정도다.

## 수급

주식의 매수 혹은 매도 물량을 가리켜 수급이라고 한다. 사는 사람 이 많고 파는 사람이 적으면 가격이 올라가고, 파는 사람이 많고 사 는 사람이 적으면 가격이 내려가는 것이 당연한 시장의 이치다. 주식 가격의 등락은 바로 이 '수급'으로 결정된다.

## 호가

팔거나 혹은 사겠다는 가격을 의미한다. 중고거래 시 가격을 '선제 시'하는 것처럼 이 가격에 사겠다, 혹은 '팔겠다'라는 의사를 표시하는 것이다. 호가들이 시장에 실시간으로 공개되면서 적정 가격이 만들어진다.

### 시가/종가

주식거래 중 하루의 시작 가격과 마지막 가격을 말한다. 장이 열리는 9시와 장이 종료되는 3시 30분을 기준으로 한다.

### 양봉/음봉

빨간색은 양봉(주가 상승), 파란색은 음봉(주가 하락)을 가리킨다. 차트를 볼 때 한눈에 확인하기 쉽다.

### 배당

주식을 가지고 있는 사람들에게 소유 지분만큼 기업이 이윤을 분배해주는 것을 배당이라고 한다. 영업을 통해 돈을 벌고, 남은 만큼 회사의 주인들에게 돌려주는 개념이다. 우리나라 기업들은 대개 연간배당(1년에 한 번)을 해서 매년 주주총회 때마다 이 배당을 얼마나 주느냐가 주요 안건으로 올라온다.

주식을 시작하고 싶다면 시장에 대한 이해나 전망이 넓지 않은 초보 투자자는 리스크를 줄이는 방법을 추천한다. '하이 리스크, 하이

리턴'이라고 하지만 투자에 확신이 생기기 전까지 방심은 금물이다. 전문가들은 주식투자가 처음이라면 적금같이 일정한 금액을 매달 불입하는 '적립식 투자'로 시작하라고 권한다. 적립식 투자의 장점은 리스크 분산이 가능하다는 점이다. 회사가 장사를 잘해서 매출 상승에 따른 기대감으로 주가가 오를 때도 있지만 반대로 수출업체인데 환율이 높아졌다거나 경쟁업체가 생겼을 경우 주가가 급락할 가능성도 있다. 적립식으로 매달 꾸준히 투자하게 되면 주식을 비싼 가격에 살 때도 있지만 싼 가격에 살 때도 있어 자연스레 관리가 된다. 물론 이 경우 절대 망하지 않고 사업을 미래까지 영위 할 수 있는 우량한 종목을 고르는 것이 가장 중요하다.

일정 기간 시장을 분석하다가 이 주식의 고가와 저가, 적정 가격 등 시세가 파악된다면 그때부턴 방법을 조금 달리해도 좋다. 매달 월급에서 일정 금액을 주식 계좌로 이체해 매입 종잣돈을 모았다가 내가 분석한 '저가'에 근접하면 매수하는 방식이다. 주식투자에서 가장 중요한 것 중 하나는 '정보'다. 뉴스나 투자 커뮤니티 등을 통해 내가 투자한 기업이나 업종에 대해 관심 있게 들여다보고 있어야 싸게 사서 비싸게 파는 매수, 매도 타이밍을 잡을 수 있다.

## 준비는 마쳤다! 이제… 뭘 살까?

정보의 홍수 속에서 아직도 어디에 투자해야 할지 고민된다면 일상생활 속에서 투자처를 찾아보는 것도 방법이다. 예컨대 날이 더워지면서 본격적인 '치맥'의 계절이 시작됐다고 생각했다면 마니커, 하림 등 닭고기 관련주에 투자하는 걸 고려할 수 있다. 사려고 했던 신발이 품절돼 구할 수 없었다면 제조사나 판매사 실적을 눈여겨보자. 여행이 취미라면 항공사나 여행사 주식을 매수할 수도 있다. 증권가에서 유명한 한 스타 펀드매니저가 공항에 갔다가 출국하는 중국인들이 한국 밥솥을 너나할 것 없이 들고 가는 모습을 목격한 뒤 투자를 결심했다는 일화는 이미 유명하다.

이처럼 처음 종목을 선택할 때는 자신의 취미나 직업 등 잘 아는 분야로 시작하는 것이 좋다. 관심이 있기 때문에 꾸준히 살펴볼 수 있고 그러다 보면 기업과 업황에 대한 전망이나 투자 판단도 빨라진다.

주식 계좌를 개설하고 사고 파는 것까지 할 수 있다면 주식투자의 첫 걸음을 뗀 것이다. 시작이 반이지만 다르게 생각하면 시작은 겨우 반일 뿐이다. 주식투자의 경우 적금 등 금융상품과는 달리 원금 손실의 위험이 있다. 본격적인 투자에 앞서서 많은 공부가 필요하다. 투자자 스스로 공부하고 자신만의 투자 원칙을 세워보자. 누군가에게 추천받거나 묻지마 투자는 금물이다.

## 근데, 배당이 뭔가요

기업명을 확인할 때, 'ㅇㅇㅇㅇ주식회사' 또는 줄여서 '㈜ㅇㅇㅇㅇ'라는 표현이 있다. 이것은 주식을 발행해 자본금을 충당한 회사를 말한다. 주식회사들이 발행한 주식을 사들인 사람들을 주주라고 부른다. 회사에 자본을 제공한 대가가 없다면 투자자들이 주식을 살 이유가 없다. 그래서 주식회사들은 주주들에게 주주총회를 통해 기업의 경영에 참여할 권리를 부여한다. 기업 경영에 참여한다 한들 주주들에게 실질적으로 돌아오는 이익이 없다면 많은 사람이 주식을 사는 대신 은행에 돈을 맡기고 이자를 받는 선택을 할 수도 있다. 그래서 주식회사들은 배당을 한다. 배당이란 주주들은 기업에 자본을 낸 대가로 기업이 영업을 통해 벌어들인 이익을 배분 받는 것이다.

주식회사는 일정 기간을 기준으로 전체 수입과 지출을 계산한 후 확정하는 활동을 한다. 보통 '결산'이라고 부른다. 결산이 끝나면 주주들에게 돌아가는 배당금의 규모도 확정이 된다. 예를 들어 총 1만 주를 발행한 ㅇㅇㅇ주식회사의 총 배당금으로 1억 원이 책정됐다면 주주들은 1주당 1만 원씩을 배당 받을 수 있다. ㅇㅇㅇ주식회사의 주식을 10주 소유하고 있다고 가정한다면 배당금으로 10만 원을 받는 것이다.

기본적으로 모든 주식은 배당을 받을 권리를 포함하고 있다. 따라서 사전적인 의미에 따른다면 주식시장에서 거래되는 거의 모든 주식은 배당주라고 부를 수 있다. 사람들 사이에서 이 같은 의미로 통한다면 굳이 '배당주'라는 키워드가 널리 통용될 일은 없었을 것이다. 사실 배당주는 '고배당주'를 뜻한다. 다시 말해 주식시장에 상장된 주식 중에서 다른 주식들에 비해 높은 배당수익이 기대되는 주식이다. 많은 사람이 고배당주와 배당주를 혼용해서 사용하면서 '배당주=고배당주'로 굳어졌다.

배당주를 찾는 기준으로 주당 배당금과 배당수익률이 주로 사용된다. 주당 배당금은 한 주에 배당된 금액을 의미한다. 주당 배당금이 많은 주식을 다량으로 보유하고 있다면 많은 배당금을 기대할 수 있다. 이 금액은 최근 결산연도를 기준으로 하고 있기 때문에 주식을 매수하기 전에 과거 몇 년 간의 배당금액도 함께 고려해봐야 한다.

직접 배당주를 고르기가 힘들다면 배당과 관련된 지수를 참고하는 방법도 있다. 대한민국 주식시장을 관리하는 한국거래소KRX는 여러 기준을 가지고 다양한 지수들을 내놓고 있다. 여기에는 KRX 고배당, 코스피 고배당, 코스피 배당성장 등과 같이 '고배당'이라는 키워드를 사용하는 지수들도 등장한다. 이 배당 지수를 활용하면 배당수익률이 높은 종목, 배당이 높을 것으로 예상되는 종목들을 찾는 데 큰 도움이 될 수 있다.

# 난생처음 비트코인 투자?!
## '가상화폐 투자가이드'

✦

가상화폐란 컴퓨터 등에 정보 형태로 남아 실물 없이 사이버상으로만 거래되는 전자화폐다. 각국 정부나 중앙은행이 발행하는 실물화폐와 달리 처음 고안한 사람이 정한 규칙에 따라 가치가 매겨진다.

가상화폐는 블록체인* 기술을 거래에 활용한다. 따라서 개인 간의 거래에 제 3자가 항상 참여하게 된다. 제 3자는 거래 통로를 제공해 주는 역할을 한다. 거래가 늘어날수록 블록체인은 커진다. 모든 거래

---

★ 블록체인

소규모 데이터들이 체인 형태로 연결되어 데이터를 그 체인에 분산해서 저장하는 기술. 데이터가 분산된 채로 저장되기 때문에 중앙에서 관리할 필요가 없고, 누구라도 임의로 수정할 수 없다. 또한 누구나 변경의 결과를 열람할 수 있다.

는 각 블록에 분산된 채로 기록되기 때문에 거래 내용을 수정할 수 없다. 그 때문에 거짓 거래 등의 문제를 방지할 수 있는 것이 장점이다.

## 가상화폐 거래는 어떻게 진행될까?

대부분의 가상화폐 거래는 거래소의 중개 과정을 통해 이뤄진다. 거래를 할 개인은 가상화폐 지갑이 필요하다. 가상화폐 지갑은 블록체인에서 데이터를 담고 있는 블록이다. 담고 있는 데이터가 화폐이기 때문에 지갑이라고 부른다. 거래소는 제 3자의 역할을 한다. 거래 과정에서 거래소는 일정액의 수수료를 받는다. 가상화폐와 실물 화폐의 차이점은 가상화폐는 '누구나' 화폐를 발행할 수 있다는 것이다. 기존 화폐는 정부의 주도하에 각 나라의 중앙은행이 발행하는 반면 가상화폐는 발행 주체가 개인이 될 수도, 법인이 될 수도 있다.

## 가상화폐, 어떻게 보관하죠?

가상화폐 지갑은 개인 키와 공개 키를 보관한다. 공개 키는 본인 계좌번호, 개인 키는 계좌 비밀번호와 유사하다. 가상화폐 지갑의 종류는 온라인에 연결했는지 하지 않았는지에 따라 핫월렛Hot wallet과 콜드월렛Cold wallet으로 나뉜다. 핫월렛은 온라인에 연결돼 있어 실시간으로 거래할 수 있는 지갑이지만, 콜드월렛은 오프라인 상태에 있어 거래하려면 별도의 절차를 거쳐야 하는 지갑이다. 핫월렛은 인터넷에 계속 연결되어 있어서 해킹의 위험이 있다. 과학기술정보통신부는 보안을 위해 거래소 자산의 70% 이상은 콜드월렛에 보관하도록 권고한다. 콜드월렛은 제품별로 지원하는 가상화폐가 다르니 구매 전에 꼭 확인해야 한다.

## 가상화폐의 종류

현재 가상화폐 시장에는 수 천 개의 가상화폐가 거래되고 있다. 그중 대표적인 세 가지를 소개하면 비트코인, 이더리움, XRP다. 현재 시장에서 가장 많이 거래되는 가상화폐다.

### ① 비트코인

최초의 가상화폐다. 간편한 지급 및 자금 이체가 가능하고 다양한 거래 방식을 통한 거래가 가능하다. 수수료도 낮은 편이다. 비트코인에서 거래의 대상이 되는 것은 지갑 주소이며, 실제 소유자와의 연결을 알 수가 없기 때문에 소유자의 익명성이 보장된다. 특히 비트코인 지갑 주소는 제한이 없이 임의로 만들 수가 있다. 한 사람이 자신의 비트코인을 몇 개의 주소에 나누어 보관하면서 사용하는지를 알 수가 없다. 이외에도 거래명세가 투명하게 공개된다는 장점도 있다. 반면, 단점도 있다. 비트코인은 거래의 속도가 느리고 기록할 수 있는 정보의 크기가 작다. 매 거래는 10분 간격으로 블록을 통해서 기록되며, 각 블록에 기록될 수 있는 데이터의 크기는 최대 1MB에 불과하다. 또한 비트코인은 총채굴량이 한정되어 있다. 그 때문에 수요자가 늘어나는 경우에는 어쩔 수 없이 가격이 상승할 수밖에 없는 구조적인 약점도 있다.

## ② 이더리움

이더리움은 2015년 7월 비탈리크 부테린Vitalik Buterin에 의해 개발됐다. 이용자들은 이더리움 플랫폼상의 애플리케이션인 DApp을 사용하는 데 필요한 비용을 지급하게 된다. 이더리움은 다른 블록체인과 연결이 가능하다. 이 기능 때문에 주식·채권·보험·복권·도박·토큰·쿠폰·투표·기록·에스크로*·예측시장 등에도 활용 가능하다. 또한

> ★ 에스크로
> 상거래 시에 판매자와 구매자 사이에 신뢰할 수 있는 중립적인 제삼자가 중개하여 금전 또는 물품을 거래하도록 하는 것

비트코인에서는 거래당 10분이 소요되던 블록의 생성 주기를 12초로 단축해서 거래 속도를 큰 폭으로 단축했다.

### ③ XRP(리플)

XRP는 은행·결제 제공업체·거래소·회사 등을 연결하여 국제송금 서비스를 제공 할 수 있는 알트코인*이다. 총발행량은 1,000억 개로 한정되어 있으며, 거래 시 0.0001XRP가 수수료로 지급된다. 수수료로 지급된 XRP는 소각되기 때문에, 점차 공급량이 줄어들면서 XRP의 가치가 자연적으로 상승하는 구조로 되어 있다.

XRP는 결제속도가 빠른 것이 장점이다. 4초면 결제가 가능하다. XRP는 비트코인이나 이더리움과는 달리 채굴 과정이 없는 블록체인 기술을 사용한 것이 특징이다. 국제송금 서비스에서의 복잡한 정산 시스템을 단순하게 처리하기 위한 목적으로 개발되었기 때문이다. XRP는 지급과 송금 기능에 특화된 암호화폐이기 때문에 전망이 밝고, 장기적으로는 국제 결제 시스템 망을 대체할 수 있을 것으로 기대되고 있다.

---

★알트코인
암호화폐 시장의 선구자인 비트코인 이외의 후발 암호화폐를 통칭하는 용어

## 가상화폐, 투자가치가 있을까?

가상화폐는 기존 기업들의 투자를 기존 금융시장보다 더 자유롭게 만들어 준다는 장점이 있다. '교환의 매개'의 기능에 충실하기 때문이다. 눈에 보이지 않기 때문에 가상화폐는 거래 당사자들에게만 가치가 있다. 예를 들면 투자를 성사시키기 위해서 은행에서 대출 심사를 받을 필요도, 담보의 가치를 측정할 필요도 없다. 거래 비용도 매우 적다. 특히 국제 거래에서 생기는 환율과 수수료, 금전 이동의 제한 등 규제와 절차가 필요 없다. 가상화폐 거래소에 일정액의 수수료만 지급하면 된다.

시장에서 '자산'으로서도 인정받고 있다. 원화로 거래되는 비트코인은 전체 대비 약 30%를 차지하고 있다. 주식시장 거래와 비교해도 거래 비중이 80%에 육박한다. 기축통화인 달러의 역할을 고려했을 때, 가상화폐 시장에서 한국은 매우 큰 위치를 차지하고 있다.


## 가상화폐 투자 팁

### ① 초기 투자금은 작게

무엇보다도 거래 시스템에 익숙해지는 것이 중요하다. 전통적인

은행 거래나 주식 투자와 달리 가상화폐는 한순간의 실수로 돈을 잃을 수 있으니 소액으로 시작하자. 대부분 가상화폐의 최소 투자 단위가 소수점 밑으로 쪼개서 투자할 수 있으니 자신의 수준에 맞춰 투자해보자.

### ② 전액 손실 감수할 수 있을 만큼만 투자하라

가상화폐 투자는 일반 투자와 달리 하루 사이에 무(無)가 될 수 있다. 항상 손실 가능성을 염두하고 투자금을 관리해야 한다. 경험이 없는 투자자일수록 다른 투자처에 비해 가상화폐 투자 비율은 낮은 게 좋다.

### ③ 가상화폐 전체투자량 중 비트코인을 40~70% 정도 투자하기

이더리움, 리플 등 비트코인과 함께 거론되는 다양한 가상화폐가 있지만 전 세계적으로 가장 광범위하게 거래되는 가상화폐는 비트코인이다. 비트코인은 지금도 수천만 명의 투자자가 계속해서 유입된다. 40~70% 정도의 비중은 비트코인에 두고 나머지 비율을 다른 가상화폐로 분산해서 투자하는 것이 좋다.

## 가상화폐 어떻게 구할까?

가상화폐를 얻는 방법은 크게 두 가지가 있다. 첫 번째는 '채굴mining'이다. 가상화폐는 복잡한 암호를 푸는 계산 과정을 마쳐야 발행된다. 이 암호의 난이도는 2009년 첫 발행 이후 계속 높아지고 있다. 또한 발행량이 점점 줄어든다. 이는 화폐 가치하락(인플레이션)을 방지한다. 이 과정이 마치 금을 캐는 것 같아 채굴이라고 부른다.

두 번째로는 남이 채굴한 것을 사는 것이다. 현재는 가장 보편화된 방식이다. 거래소에서 가상화폐를 사는 방법은 몇 가지 절차를 거치면 된다. 거래소 홈페이지에 들어가 차근차근 해보면 어렵지 않다.

**Step 1.** 거래소 홈페이지에 계정을 만들고
**Step 2.** 가상화폐 매매에 필요한 금액을 위한 은행 계좌를 개설한 후
　　　　　 안전한 거래를 위해 OTP 설정
**Step 3.** 이후 개설한 은행 계좌에 필요한 만큼 입금,
　　　　　 원하는 가상화폐를 정한 수량만큼 시세에 맞게 사면된다.

가상화폐 역사상 거래소의 허술한 보안 관리로 인한 해킹 사례가 몇 차례 있었다. 개인의 미숙한 보안 지식으로 인한 해킹 사례는 셀 수 없이 많고 금액도 천차만별이다. 가상화폐의 특성상 거래자 본인이 거래에 대한 책임을 지고 있기 때문에 거래의 안전성은 중요하다.

### ① 피싱 사이트

피싱 사이트로 인해 계정이 해킹 당한 경우도 많다. 피싱 사이트를 안전한 거래소로 착각하고 본인의 아이디와 비밀번호를 입력하면 해커는 그 정보로 안전한 거래소에 로그인하여 피해자의 재산을 인출하는 방식이다. 피싱 사이트는 주소 중간에 알파벳을 한자리 더 넣거나 끝자리를 바꾸는 방식이니 거래시 사이트 주소를 반드시 확인해야 한다.

### ② 자동 로그인

자동 로그인 기능을 활성화해 놓으면 누구나 그 기기로 접속하여 바로 계정에 접근할 수 있다. 자동 로그인 기능 때문에 해킹 당한 사례도 많다. 자동 로그인 기능은 꼭 비활성화하는 게 좋다.

### ③ 악성코드 및 바이러스

거래용 디바이스는 반드시 악성 코드나 바이러스로부터 100% 안전해야 한다. 성능이 입증된 백신 프로그램을 사용하는 것을 추천한다. 또한 컴퓨터 바이러스 검사 및 치료를 정기적으로 해야 한다. 바이러스는 컴퓨터 성능을 저하하기도 해서 흐름이 빠른 가상화폐 거래에 불리해질 수 있다.

# 주식투자 시 고려해야 할
# 세금 문제

2023년 1월 1일 이후로 발생하는 수익에 대해서는 5,000만 원이 넘는 이익이 발생한 경우 과세 대상이 된다. 예컨대 주식에 1억 원을 투자했다가 1억 6,000만 원에 매도하면서 6,000만 원의 양도차익이 발생했다고 가정해보자. 현행 제도로는 양도금액 1억 6,000만 원에 대한 증권거래세(0.25%) 35만 원만 내면 된다. 그러나 2023년부터는 양도차익 6,000만 원에서 기본공제 5,000만 원을 제한 나머지 1,000만 원이 과세 대상이 된다. 금융투자 소득이 3억원 이하이기 때문에 세율은 20%로 적용된다. 계산해보면 양도소득세는 200만 원이고, 여기에 1억 6,000만 원에 대한 증권거래세(0.15%) 24만 원이 추가로 부과되는 구조다.

## 해외주식도 세금을 내나?

해외주식으로 번 돈은 국내주식보다 더 많은 세금이 부과된다. 국내 주식과 해외주식의 기본공제 한도가 다르기 때문이다. 앞서 예시로 살펴본 것처럼 주식을 비롯해 국내 금융상품의 경우 5,000만 원까지가 한도지만 해외주식은 비상장주식, 채권, 파생상품(ELS 등) 모두 합쳐 250만 원까지만 공제 대상이 된다. 현행 해외 주식 투자는 250만원을 초과한 수익에 대해서 양도소득세 22%(주민세 2%포함)를 부과하고 있다. 예컨대 테슬라에 투자해 2,000만 원 수익, 델타항공에 투자해 1,000만 원 손실, 애플에 투자해 500만원 수익이 났다고 가정해 보면, 매매차익 총합이 2,000만 원−1,000만 원+500만 원=1,500만 원이 된다. 이 경우 납부해야 하는 양도소득세는 1,500만 원에서 250만 원을 공제한 후 22%세율을 적용한 275만 원이 된다. 거래시 자동으로 부과되는 국내 주식과는 달리 해외주식 양도소득세는 투자자가 스스로 관할 세무서나 홈택스를 통해 신고해야한다. 제대로 납부하지 않거나 누락할 경우 추가로 세금이 부과되므로 잊지 말고 꼭 챙기도록 하자.

## 자녀에게 주식을 증여하면
## 세금을 얼마나 내나?

자녀에게 주식을 사줄 때는 양도소득세와 증여세가 부과된다. 자녀 명의로 통장을 개설해 거래하는 경우도 마찬가지다. 상속세 및 증여세법에 따라 자력으로 해당 행위를 할 수 없다고 인정되는 자가, 재산을 취득하고 투자로 이익을 얻은 경우 과세 대상이 된다.

먼저 양도세는 향후 주가가 상승해 이익이 발생한 경우 이익분에 대해 부과된다. 현재 우리나라에서는 거래 활성화를 위해 국내 주식의 경우는 양도세를 면제해 주고 있다. 해외주식의 경우 연 250만 원까지만 공제 혜택이 적용되기 때문에 세금을 내지 않는 범위에서 매년 소액의 주식을 증여하거나 향후 주가 상승 가능성이 큰 종목을 사주는 것이 좋다.

반면, 증여세는 국내와 해외 주식 모두에 부과된다. 미성년 자녀에게 증여할 경우 10년에 2,000만 원까지 증여세가 공제된다. 2,000만 원 이상이라면 과세 대상인데 이 경우 증여한 주식 규모에 따라 세율이 달라진다. 만약 증여 후 2개월간 주가가 급격하게 하락했다면, 신고 기한이 끝나기 전에 다시 부모의 계좌로 이전하면 증여가 취소된다. 증여 취소 후 낮은 주가로 다시 재산가액을 산정해 재증여하면 세금을 줄일 수 있다.

돈을 모으고 불려야 하는

# 월급 생활자를 위한 돈 공부

2020년 11월 2일 초판 1쇄 발행

지은이 · 라이프 포트폴리오 | 기획 · 장혜성
펴낸이 · 김상현, 최세현 | 경영고문 · 박시형

책임편집 · 김명래 | 디자인 · 이정현
마케팅 · 양근모, 권금숙, 양봉호, 임지윤, 조히라, 유미정 | 디지털콘텐츠 · 김명래
경영지원 · 김현우, 문경국 | 해외기획 · 우정민, 배혜림 | 국내기획 · 박현조
펴낸곳 · (주)쌤앤파커스 | 출판신고 · 2006년 9월 25일 제406-2006-000210호
주소 · 서울시 마포구 월드컵북로 396 누리꿈스퀘어 비즈니스타워 18층
전화 · 02-6712-9800 | 팩스 · 02-6712-9810 | 이메일 · info@smpk.kr

ⓒ 라이프 포트폴리오(한화투자증권 공식 블로그)
(저작권자와 맺은 특약에 따라 검인을 생략합니다)
ISBN 979-11-6534-255-5(04320)

쌤앤파커스(Sam&Parkers)는 독자 여러분의 책에 관한 아이디어와 원고 투고를 설레는 마음으로 기다리고
있습니다. 책으로 엮기를 원하는 아이디어가 있으신 분은 이메일 book@smpk.kr로 간단한 개요와 취지, 연
락처 등을 보내주세요. 머뭇거리지 말고 문을 두드리세요. 길이 열립니다.